賽銭の民俗誌

斎藤たま

論創社

はしがき

考えて見れば不思議なことです。

なぜ賽銭は放り投げるのですか。

ラジオの「子ども電話相談室」にこんな質問がありました。

「なぜ賽銭を上げるのですか」

この番組は、思いも寄らない質問が繰り広げられ、それをまた何人かの解答者の先生方が当意即妙の、時には目を白黒させながら答えるなかなか面白いものです。

なんと答えるのかなと耳を澄ましておりましたら、

「神社にも金がかかる。社殿がこわれたら直さねばならないし、雨もりしたら修理もしなければならない。そうしたことに当ててくれるように金を差し上げるのです」

金といえば物を購う貨幣としか見えない私たちには、無理もない受けとり方なのです。

でも、人に物を贈る時、それを放って拾わせたりはしたものだったですか。昔はよく物乞いの人が来ました。たとえそのような人にでも、地にまいて物を分け与えたりなど決してすることではありませんでした。

それが神前では起るのです。

むしろ、神様に聞えた方がいいとばかりに、わざとも音高く放り投げるのです。

賽銭は、銭の前は米でした。いいえ、銭に代って価をなすというのではなくて、一掴みほどを打ちまくのです。銭が、誰にでもかれにでも、こんなに自在に入手できない、いたって貴重な時代にはこれも大いに使われたのでしょうね。

そして米の前には石でした。（そう思われます。）

こちらは、それこそ大袈裟にいえば石器時代にも及び、また望みさえするなら誰もが入手できるものだったでしょう。

「銭」、「米」、「石」の性格をたどっていくなら、賽銭の本来の姿が、なぜ投げるかも知れるのではないでしょうか。

答が直ぐに現れないのは、忙しい現代に生きる人々には、まだるっこしくて不評でしょうが、私たちは常々いったものではなかったですか、

「急がばまわれ」

と。

目次

はしがき……3

一、銭……9

お守りの銭……10
赤子と銭……16
死人と銭……24
銭をまく……37
正月の銭……48

二、米……59

散米……60
お守りの米……65
棺を打つ……75
五穀と米……80
米を噛む……86
白……93
シトギ……100
米を食べる人……106
振り米……112
米を食べる日……117
おひねり……129
餅……137
しき米……146

三、石……155
石を供える……156
赤子と石……161
石枕……171
石の門……177
墓の石……184
節分の石……189
嫁に打つ石……195
幽霊クヮチクヮチ……201

四、火の昔……207
かしわ手……208
絵馬……216
火の昔……225
あとがき……235

装幀＝野村 浩

一、銭

お守りの銭

お金というと、今の私たちには、貨幣価値のあるもの、なにかの代価にあてるものとの他には考えられないのですが、それ以外の銭の役目もあった。その話からはじめることにしましょう。

子どもの百日咳を、愛媛の西海岸、内海村ではクビシメと呼ぶ。まるでなにかに首を締められたように、そのまま息が止ってしまうのではないかと心配になるほどに咳きこむからです。

それでも親たちは、他の伝染病に比べて、まだ冷静でいられたようです。名前のとおり百日（これは大袈裟でしょうが）咳けばいいといって、

「百日咳は世話やきぐれいらん、百日咳けばよか」（鹿児島県長島町馬込）

などという。

でも、岐阜の、今はダムで無くなった徳山村櫨原のやすのさんのように、これで子どもを二人もなくした人もある。この探訪時は、昭和五十九年、もう村を離れる前の浮足立つような雰囲気で

したが、近所のいちえさん、つき子さんと寄ってるところで話を聞いたのでした。最初の子の死んだ年のことをやすのさんは、

「あの時は村で十人ぐらい死んだ」

という。どうして百日咳といっても馬鹿にならないのだ。

「ヒューヒュー喉ならす。重くなっても子についていることができず、死ぬ前一日負んでただけ」

当時の嫁のつとめは、考えられないぐらい厳しいのでした。

三番子がこれにかかった時は、この人にも意地があったのでしょう。姑が許さない中を、ぼい出される（勘当される）格好で医者の許に走った。家を出たのが夜中の二時、医者のいる根尾についたのが九時だったという。

十三日入院して、結局駄目だったのだが、区長で役のあった旦那さんも二日ばかり付き添った。死んだ子を家に連れ帰ったときは、姑が「死んでこな村の衆に申し訳がない」といったそうだ。

以前は医者などいない村ばかり多く、医者にかけるのは死ぬ時だけというほどのものでした。

こんな時、親たちはどうしたか。

三重県の中ほど、やや西よりの白山町城立ではこうでした。岡田まつのさん（明治二十八年生れ）

が話してくれて、

「ウバゼキ（百日咳）には、オツギ（ウツギ）の槌作り、一文銭二、三枚とともに、綿入ればんてんなどの背につけてやる。歩くたびちゃんちゃん音がする」

この辺、百日咳はウバゼキとかンバゼキというのです。同じ白山町福田山で小林はつえさん（明治三十六年生れ）も、

「ウバゼキにはオツギかナルテンの槌、一文銭一つ、コンコの背や前かけの紐に吊るしてやる」

ウツギやナンテンの槌というのは、それらの枝や木をもって、糸のかかりをよくするために真中にちょっと刻みを入れたもので、ところによっては、「臼」とも「杵」とも、また「ひょうたん」とも呼ばれているものです。ウツギやナンテンだけでなく、やはりまよけとされる桑の木でも作られ、子どもは日頃からこれらのお守りに守られているのでした。

右の聞き取りをしたのは昭和五十五年、当時私は産育やら行事やらを熱心に集めていて、本題の「銭」については格別の関心はありませんでした。たまたま集まったものから銭の項目だけを抜き出して、その整理カードを目の前にして、只今紹介に及んでいます。

三重県の同じ旅に、南部の宮川村の中小屋で、小杉イサさん（明治二十九年生れ）のいうのは、「ナンテンでひょうたん作り」でした。

「昔はよけいおいねていたな」

と。

同じ宮川村でも、岩井の吉田みつえさん（大正元年生れ）の聞かすのは少し変わっていて、「ナンテンの槌に、カケスの羽と、んまづ（石女）の一文銭」

子のない人からもらってつけるのだそうです。子そのものを、ないものに見せようというのでしょうか。

紀伊山地を抜けて、海の傍に出た南島町古和で出口コンさん（明治三十四年生れ）の聞かすのも、「ナンテンの槌と、一厘銭一枚」

を子の背中に吊る、と同じでした。

三重の西隣の奈良県御杖《みつえ》村を訪れたのは、右の聞き取りをした年から二十数年もたった平成十一年でした。話し手はぐっと新しく、神末《こうずえ》の太田まさえさんは大正元年生れでした。ウバゼキには、なにかの木を小さくしたのと一文銭をしばりつけていたと、間接的な観察です。別の一人から、木はナリテンだったようとの情報も得ていますが、この位の年になると、自分たちが直接手を染めたものではなく、親たちのしていたことの見聞が多くなるのです。

百日咳ではなく、はしかですが、長野の奈川村では、黒川渡、金原、屋形原などで同じようなことを聞き、次なる送りようなどもありました。紙で簡単な人形を作り、辻に送るのですが、一銭などの銭を紙に包んで頭とし、紙の着物を着せて藁苞に二つ立てる。米をおひねりにして背中にしょわせる人もありました。辻におくりものをする時には、銭を何枚かつけるのは一般的で、千葉県館山市坂田などでも、風邪の折、さんだァらに握飯三つと銭そえて辻に送るといっていました。

はしかは百日咳どころのおそれではなく「はしかは命納め」といわれるぐらいに、それこそ命取りの病と見られており、親たちはこれを最大の子の厄だといい、神が病ませる神厄だとみなし、さまざまな形で神送りをなすのでした。

銭をお守りにするのは病気の折ばかりではありません。少し大きくなるまで、年中つけておくところもあります。山梨の北部の早川町上湯島の荒尾ぜんさんが昭和五十九年の旅の折に話してくれていましたが、女は赤、男は青や紫などの布で四角の巾着を縫い、着物の後ろ衿下に縫いつける。中には一文銭が入れてあった。七歳ぐらいまでつけていたといいます。

島根県教育委員会の「隠岐島の民俗」の中にも、ブンギ（初着）には銭をつけることがのっています。

ブンギ（初着）は白着物、衿に赤い三角のツギをつけ、一厘銭を入れた（久見）、大豆三粒と一文銭（宇多賀）、ブギは白木綿の一ツ身、白い布で三角の袋を作って衿首につけ、中に一厘銭と豆一つを入れる（飯美）。

私が聞いた地方は片寄っていますが、この習い、はるかに広い土地にあるようです。

赤子と銭

女たちは子を産む時、窓も切ってない暗いナンドで、声も上げるでなく、まるで隠れでもするようにして事を行いました。

ナンドは、座敷の裏側にある、普段は寝室にもあてられていて、暗いから、お産の時はローソクを灯してという人もいます。よしんば窓が切ってあるにしても、その窓には鎌を吊したり、鋸を据えたりするのでしたし、部屋の入口には弓を置いたり、網を吊したり、部屋全体や家全体にしめ縄を巡らせたり、枕元にはまよけとされている箒を置いたりするのでした。

「隠れるように」とは、こうしたことからそう思わざるを得ないのですが、それはお産より以前、腹に子をもった時から始まっていたらしい。

年寄の人は、今の妊娠中の女性を見て、「今の人たちは大べら（大っぴら）で歩く」と、非難じみた声を上げます。前はこうではなかった、「六月《む》、七月《なな》は小袖でも隠す」といって、わざとも端目には隠していたというのです。今の私たちから見て隠す必要など認められないのですが、昔の人にはそうしなければならない理由があった。これも狙いくる迷惑なものらの眼を暗まそうとしていたのではないですか。

生れた子の扱いにしてもそうです。人並みの袖を通す着物を着せるでなく、ボロ切れや、腰巻に包んで〝物〟に見えるかのような工作をし、数日して着物を着せた後も、なお当分は小布団などに包んでぐるぐる巻にし、手足も動かせないようしばりあげるのでした。

しかし、最も危険な三日も過ぎ、七日も過ぎ、三十日も過ぎた頃には、親たちは命定まったものと自信もつけ、はじめて外に連れ出すことになります。

その時の扮《よそお》いは、頭に火の代理らしい火墨（鍋墨）を塗り、火そのものを思わせる紅をつけ、時には火縄を持ち、刃物・金物を携え、初着《うぶぎ》と称する着物にまよけの赤布やら、大豆粒やらを取りつけ、網目をさしたりのさまざまなるお守りを付したものを着せ、または姿がすっぽり隠れるようにそれで覆い、魔ものも忌避するらしい便所などをめぐり歩きます。

この折、橋を渡るについては、ことに銭が出て来ることがありました。

三重県熊野市神川町神上や育生町長井では、生れ子がはじめて橋を渡る時には、米・銭を紙に包んで橋のたもとに供えた。

これから和歌山側に入って直ぐの町、熊野川町（現・日高川町熊野川）請川でも、「橋のたもとに銭置く」といいました。

この町は、三重と和歌山との境に流れる熊野川沿いにあるのです。小津荷《こつが》（現・田辺市本宮《ほんぐう》町）などは、目の前に大川を眺め、以前はそれを帆をかけた舟が日に何隻も行き来したところでした。

そこのよしのさんの聞かせることで、

「橋なかった。対岸には舟で渡る。生れ子がはじめて渡る折には一銭舟に置いた。村営の渡し守なので普通は無料。本宮のまつりには子を連れて行く。その前日に、まだ川渡りしていない子は必ず渡りぞめをするものとしていた」

はじめて川を渡る時に針を放ったという話なら、まだまだ聞くことなのです。赤子ばかりでなく、徳島県神山町などでは産人がはじめて橋を渡る時、またヒ（産褥《さんじょく》）があく前に渡る時には針を放りました。

川ばかりでない、川と並んで危険の多い山でもそうで、愛媛県宇和島近い内海村家串でつるさん（明治三十五年生れ）は、「生れ子の初旅に山越えする時は峠、また舟で行く時は海に針を放る」といったものでした。

そういえば屋久島宮之浦で、「赤ん坊、はじめて山行きする時は金物を背にきびりつける」と聞いたのもそれでした。

橋のたもとに供え、舟に置く銭も、元はといえば川に放った針と同じで、多分は金物の資格で用いられたのかも知れません。静岡市小河内では、生れ子がはじめて橋を渡る時は塩をまくという、お祓いに今も最も利用される、その塩とも同格だったとも見られるのです。

耳かけ銭

さて、初出しが宮まいりになるところも多く、その折は子どもに打ちかける晴着の紐に銭を結びつけるという、普段はやらないようなことを行う地もあります。今は子が生れたら宮まいりをし、宮まいりの時には掛け衣装と、どこの地方も一様のようですから、読者も眼にされることがあるでしょう。大きな晴着を子に打ち掛け、その着物についた紐は子を抱く者の背中にまわして結ぶという異様なさまですが、付け紐とはその紐のことです。だから、奈良市阪原とか吉野町柳などではヒモヅケとかヒモツケと呼ばれます。

三重県の阿山町丸柱（現・伊賀市丸柱）では、これをカネノヲという。藤森キンさんに説明してもらえばこんなです。

「宮まいりの後親類などに寄り、茶をいっぱいもらう。その家ではカネノヲといって、銭を紙に

道祖神

（下田市須崎）

包み、麻《お》でくくって掛け衣装のひっこび（ひこ帯）にくくりつけてくれる。宮の傍なので、親類でない人も寄って、茶ひとくち招んでやとくる」

滋賀の多羅尾（現・甲賀市信楽町多羅尾）では、銭の他に豆も加わる。宮まいりにおばの家などに寄ると、豆と四十円を紙に包んで、水引で結んで打ちかけの着物紐にかけてくれる。四十円は「しじゅう幸せ」の意味の由、もちろん以前は金額の高が問題ではなかったのでしょう。

同じ町の朝宮（甲賀市信楽町）で北のぶえさん（明治三十年生れ）も、

「女二十八日、男三十一日が宮参り、オブギのヒコビ（ヒコ帯）に銭包んで麻《お》でくくったのを、麻長く垂らしてくくりつける。祝に招ばれた客や、親元から持って来て、家でつけてくれる」

この風、山口の長門市通のあたりも同じです。

「ももかといって、男百十日、女百二十日に宮まいりし、神楽上げてもらう、寄った親戚の家で、上にかけたオブキンのつけ紐に銭を紙にひねったものくくりつけてくれる。幾つももらう」この時ひっかける掛着物というのも、おかしなものですね。なんといってもべらぼうに大きい。六つ、七つの子どもも着れる寸法です。かといって、その頃まで着せようという魂胆があるわけではなく、あくまでも赤ちゃん用の晴着なのです。

これも迷惑なものの眼をあざむくものだったような気がします。「ここには赤ん坊はおりません、いるのはもう力も備った大きい子です」という。

それはともかくとして、こうした晴着を用意するのは限られた地方に違いなく、着物の紐に結びつける地方ばかりではありません。日本海側の島根県平田市などではこうでした。大正四年生れのうめさんの場合です。

「五十一日に赤飯炊いて宮まいりする。母親が抱いて、これを見る者、銭を紙に包み、麻でしばったものを、抱いた子の衿やら胸元に入れてやる」

ここではオビナオシ（オビトキ・七歳）の時にも、この時は子に襷を斜めにかけてやるので、この襷にしばりつけてやるといいます。いっぱいになる。

島根県日南町の阿毘縁《あびれ》で明治二十八年生れのきよのさんの話の中にも、麻と銭を紙で包んだものをユミアケゴ（初着）の衿下に入れてやるというのが出てきます。

衿元に入れ、胸に入れると、どうでもして子のまわりを銭で囲みたい様子ですが、なお確実に首にかける方法をとる地方もありました。渥美半島の付け根の方に近い田原町（愛知県田原市）で話してくれるのはトクノさんです。

「生れてはじめて初客に里に行くと、親が石臼に入れてくれる。帰る時、穴開銭を麻で通して首に下げてくれる。また小豆を紙に包んで、これも銭のところしばりつける。『まめなように』といって」

トクノさんは、隣、赤羽根町の高松が里で、そこでいつもやってもらったとのことでした。子を臼にのせるというのはなんだと思われるかも知れませんが、初出しの子に行われるまよけの一法です。

さらに半島突端の渥美町堀切で、渡会さん（大正二年生れ）も話してくれる。

「生れ子、はじめて行き会ったのに、銭を紙に包んで、麻でしばり、首にかけてくれる。親戚の者など、五十日過ぎて宮まいりに行く、その時などに」

同町小塩津でも、

「初客に行くと銭を麻で吊って首にかけてくれる」といいます。

愛媛の津島町大日提《おおひさげ》で、これを耳にかけて、ミミカケゼニと呼ぶのはおかしい。生れ子がはじ

めて里に行った時とか、子をはじめて見る者など、穴開銭に糸を通して、

「一文やるぞ」

といって耳にかけてくれる。水尾さんによると、今は紙に包んで耳にはさんでやるという。

身体に付す銭では、こんな形もありました。熊本県人吉市の傍の錦町中ヶ原の西村さん（大正八年生れ）は、宮まいりの帰りに自分の働いていた人吉市の店に寄ったら、そこの家人が、赤子の額に紅をつけ、五円何枚かに糸通したものを赤子の手首にしばってくれたという。

壱岐でも、同じように宮まいりの帰りに寄った家で、銭を麻でくびったものを初着につけるが、中で石田町君ヶ浦のはるえさん（大正二年生れ）のはちょっと変っていた。

「昔は宮参りは九十九日目だった。それまでは子を外に連れ出すことはない。その後、外出さす時には釜ぶたかぶせる。厚板の二本持ち手のついたお釜のふた」

釜ふたや鍋ふた、および鍋をかぶせることは、多く病気よけなどに持ち出されるもので、まよけにされる米・穀類からの因縁によるものか、火に合うことの多いいわれか、そしてまた、銭と同じ火をくぐり抜けてきたことの意味合いか、今のところはわからないのです。

死人と銭

生れだちの子も銭を副《そ》い置かれたけれども、死人・死んだ体も銭に包まれたらしい。あの世の小づかいだ、三途の川の渡し賃だと称して、きっとなにがしかの銭を入れてやる。

どのような型で入れるのでしょうか。

宮城の雄勝町大須（石巻市）でタツノさんは、

「わらじの上に、六文銭継いだのをのせ、紙をおき、その上にのせる」

といいます。

一文銭は貨幣価値はなくなっていたけれど、少し前まではどこの家にもゴロゴロしていて、こうした用には使われていました。

たとえば私は、秩父の土産物で前に求めた昔風の巾着型の財布を持っていますが、長い紐の先には留め具代りの穴開銭（嘉慶通宝とある）が一枚通してあるという具合です。しかし、今はもうそれも稀になったのでしょう。新潟の黒川村（現・胎内市）坂井では、昭和五十六年の探訪時でしたが、銭に墨つけ、一枚の紙に型押しして六文分入れるとのことでした。

なお「六文分」というのがおかしかったのですが、三重県美杉村石名原《いしなはら》（現・美杉町）で平成十一年に教えられたのにも「今は紙に銭の形書いて一文の文字入れる」といったことでした。

氷見《ひみ》市中田（富山県）でも、近年はずだ袋に集まった人たちが五円・十円などを入れ、それを死人の首にかけてやるという。

山梨の芦川村上芦川、にはネノさんによると、

「死ねば六文、きわらのわらじ」

のいいぐさがある。きわらは普通履くわらじのように打ったものでなく、かたいままの藁のことで、出来上りは名前だけの粗末なものになります。

三重県御浜町尾呂志では、男女ともに櫛、銭を入れると、ここが生れのさちえさんから聞きました。こうした棺に入れる六文銭は年寄などは自分で用意しておくものだったとは、奈良の御杖村《みつえむら》神末《こうずえ》で伸一さんからも聞いています。

壱岐芦辺町八幡（長崎県）では、明治四十年生れの門口すえさんが「一文銭一枚」入れるといい、加計呂麻島（鹿児島県大島郡瀬戸内町）の於斎《おさい》では、

「一厘銭を首に佩かす」

という。まさに赤ん坊の初出しの形ですね。

だがこういうのもあります。

屋久島宮之浦（鹿児島県熊毛郡屋久島町）では、死人を棺に納める前にシキジェンといって、棺の底に穴開銭を入れるという。これなどは死人に持たせるとの形からは少し異質ですが、こうしたことは墓穴を掘る時からはじまっているのです。各地で銭を置いてから穴を掘る。この件は前に書いたことがあるので（「死とものの け」）簡単に述べますが、銭を五枚ほど持って行って、四隅と真中に置き、それから穴を掘る。

土地神さまから地を買うのだなどと説明されますが、それはどうでしょう。銭でないところでは、まよけのウツギの枝で地面を叩いたり、鎌で打ち違いに祓ったりするのです。

また掘る時ばかりでなく、こうもします。穴に棺を入れる時は、タイマツで穴底を払ったり、四隅に弓を射たり、鉄砲がつくところは底に一発鉄砲を撃ったりと、なにかを除ける仕ぐさをするのですが、徳島県一宇村河内では、穴掘ったあと底に銭を入れます。

こうした銭をして、依然として、小づかいやら、川の渡し賃やら、死者の要にあるものだと思って疑いを入れずにいられることでしょうか。

これらの銭が死者のためにあるのでないことははっきりしているのです。なんとなれば、銭は死人ばかりでなく、生者も必要としているからです。

青森県の南端、南郷村島守では、近親の会葬者は、晒で三角袋を縫ったのに一文銭、それが手に入らなくなった今では十円玉を入れ、後ろ衿にはさむ。また棺の台についた屋根の四方にも、一文の入ったものを吊るし、真中にも一つ吊るすという。

生者にもこんな風にとりつけた他に、銭をしばりつけた「ぜんの綱」にすがって会葬するのです。

この時の綱は麻であり、晒の白い布であり、それぞれにものを祓う性ありと認められるものであるけれど、それになお穴開銭をくくりつけて、銭の力に頼ろうとするようです。

ぜんの綱

（福岡県・大島）

（福岡県・地ノ島）

福岡の西海上に浮ぶ地ノ島や大島では、ぜんの綱とここでも呼んでいる白晒の布を棺の担ぎ棒にとりつけ、一文銭にこよりを通してところどころにくくりつけてありました。地ノ島では、今では五円玉をぜんの綱の布の中にとり込めては結び、一つ込めては一結びするそうだけれど、それでも「穴開いた銭を」と二十枚ぐらい用意してするそうです。島の対岸になる、佐賀県玄海町牟方や、鎮西町打上でも、紙に銭を包んで両端をひねり、所どころにくくりつけます。

「善の綱」ではなんの意味やらわからないですが、おそらくその役のままに「銭の綱」なのです。白布もそのまま祓いの品だと述べましたが、前は送る人々は白着物でした。モノの姿を消す昼の色に包まれる意であったのでしょう。麻も裂いて糸にする前は、布ひるがえしたようにふくらみ広がり、絹の練った後のようにきらり光を発して真白です。麻は、今も仏事・神事に使われるが、その色のせいなどもあったのかも知れません。

死水と銭

人の死の折の銭との関りといえば、死に水のこともあるのでした。

たいていは、一本箸の先に綿などを巻いて水を含ませ、死人の口をうるおす。ところが、この時、棒の先には穴開銭一つ通して、これでもって水を含ませるというところもあるのです。

昭和五十二年の旅でこの習いのあるのを耳にした最初は、山口県の徳地町猿屋という山手の村で、一晩宿を恵んでくれたところの石川あさ子さん（大正五年生れ）からでした。

彼女は隣、島根県の鹿野町堤から嫁に来ておられる。里の風習として、

「しょう銭《せん》（穴開銭）一枚を竹細いのに通し、茶碗の水につけ、死人の口をぬらす。枕元の膳にドシダンゴ（枕団子）と共にのせておく。子どもの時死んだ祖父の時、また、四つで疫痢で死んだ妹の時そうしたように覚えている」

特異な例かと思えたが、この徳地町にも変らず行われているのでした。次に寄ったのは中野で、明治二十六年生れの賀屋貫一さん。

「しょう銭《せん》一枚を、ちょうど穴にはまる竹軸、五寸ほどの長さのにさし、茶碗の水につけ置き、銭から先に出た竹の先で死人の口をうるおす。死んだ当座は枕元におき、葬式後は仏壇に四十九日まで茶を入れておいておく」

しょう銭（寶永通宝）

（山口県徳地町猿岡）

その取材時で、五十年ほど前まではやっていたとのことでした。

同町猿岡で明治三十八年生れの木村光男さんがいうのも、箸でもやったこと、三寸ぐらいの丈、棺に死体を入れてからは仏壇に移し、四十九日まで置くこと、同じようです。

同じ町柚木でも、明治三十八年生れの斎藤マキヨさんにうかがいました。

「しょう銭《せん》一枚に竹の細軸通し、茶碗の水につけ、銭の先に出ている軸先で死人の口をうるおす。寄った者、顔の白布とり、『ええとこ行きされや』といってつけてやる。枕元に置いておく。死んでから騒いで用意する」

死水というのもおかしなものです。またの名、「末期の水」とはいうけれど、すっかり死んだとわかってから仕度する。

いや、死んで直ぐどころか、はるか後になってから行うところもあるのです。

岩手県野田町米田では、米田源吉さんによれば、入棺の時に「水ひいでける」といって、紙きれを筆のようにして死人の口をみなで濡らす。長野県天竜村坂部で千代治さんによれば、コウノキ（シキビ）の葉一枚で、棺に入れたのに皆で口濡らす。その後酒いっぱいずつ飲むのだ。

遠く離れた天草半島、河浦町河浦（熊本県天草市）でいうのもこれは同じことで、棺入れてから身内の者みなハナシバ（シキビ）の葉を水につけて口をぬらす。

奈良の吉野町柳では、湯かんをし、棺に入れてからシキビで水やりをする。奈良市大野ではこれをミズムケといって、葬列の出る時、棺の蓋を開けてシキビの枝で三回ずつ、「行って来ーや」、「守ってや」などといいながら、口のところにあてる。

死んでさっそくに行う普通の形でも、シキビの葉を水に浮かし、またその葉を以って水をふくませるとしたところも多くあるのです。北には野生がないから当然として、静岡、滋賀、三重、京都府などでは頻繁にこの風を耳にする。

そしてシキビの木は、数限りない除けごとの用に使われるまよけの品です。おそらくもくれん科というこれの臭いの甚だしさにあるのでしょう。節分のヤキカガシにこれの枝葉を使うところがあり、病気がはやって縄張りをするその縄に吊され、もちろんしめ縄にも吊され、門松に立てられ、人死んでは棺に詰められ、外にもつけられ、会葬者のとりものとなり、埋めた塚上にもおかれ、年がら年中の墓のハナにもされる。

直接死体に手をかける湯かん人たちは、風呂敷や手拭で鼻、口をふさぐことをしますが、徳島の一宇村や東祖谷山村では、ハナシバ（シキビ）を一枚口にくわえてやるのでした。これは山梨県早川町にもあります。

しきみ

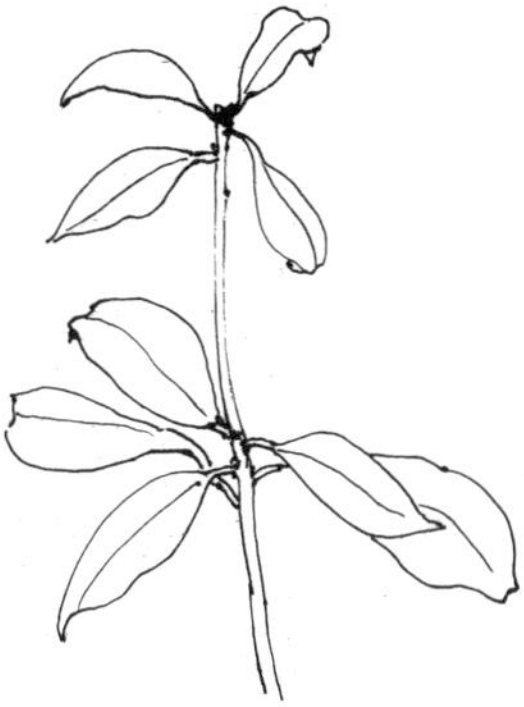

山梨県大月の伊藤さんから送っていただいた。ややしおれている。

かといって、除けごとが必要なのは生者ばかりでなく、死人もそうであって、骸を入れて浴びせるたらいの湯にもシキビの小枝を入れ、葉を浮かすのが奈良や京都、三重などには行われる。死者も生者も共通して何者かから身を守る必要があったのです。

枕飯の銭

熊本県蘇陽町菅尾（現・上益城郡山都町）が生家の藤本キミエさん（大正五年生れ）は、死んだら真っ先に炊いて高く盛り上げて供える。そのてっぺんに一文銭をのせたのを子どもの時見たといいました。他の人からは聞くことがないのでしたが、ないことではないのです。枕めしや団子に針をさすところがあるからで、長野や愛知の渥美半島、奈良市などで、棺内に入れる握り飯に、「四つぼ団子」などと呼ぶ団子に針を一本、二本、三つの団子に一本ずつとさしてずだ袋に入れた。

赤子が山越え、川（海）越えに針を放ったのを連想するでしょう。

こんな変った型でないまでも、棺内に針を入れることは普通です。女にはあの世に行って縫い物をするために糸巻きも副えてなどというところもあるし、男・女共に入れるもので、ほころびを縫うためなどと説明されます。死装束の後ろ衿にさしておいたり、ずだ袋を縫ったそれなりに針を吊るしやったり、紙に包んで袋内に入れたり、前のように団子にさしてやったりします。

針ばかりでなく、鋏・その他の金物、男だったらカミソリなど、また男女共に櫛などと、あの世で不自由しないようになどといって入れる、死人を思いやる真情のほどは充分に察せられるけれど、それにしては死人の扱いは乱暴なのです。地極縄などと称して体をかがませてしばり上げ、あんな小さい箱の中に押し込むのだから当然そんな形になるのですが、それでも入りきらないとあれば、首の骨を折り、脚をくじく。もはや死体は空の入れ物であり、用のない物とわきまえている姿勢です。捨てるまでの間、葬いをトリカクシと呼ぶところもありますが、そのとりかくしのすむまでの間、まよけとされる諸々の品をまわりにめぐらし守っているという格好です。

それなのに、銭は小遣いとして、針も死者のあの世の使いものだといわれる。死者をいたむ身内の者は、これが本当かどうかなど思い巡らす余裕もなく、ただひたすら用ありとする品々を揃えるのです。

萩市大島のあたりも死人には針と糸を持たせる。山本そめさん（明治二十二年生れ）はそれを入れなかったといって語りました。

「自分の父死んだ時、忘れて入れなかった。夢に衿がほころびているのを見た。入れてやらなかったからだと長いこと思い合わせになってなりませなんだ」

こうして人に要らぬ苦しみを続けさすこともあったでしょう。けれど、これがあったがために、亡き人へのあわれみの感情に動かされる、死後の世界の使い物だとされたがゆえに、この習いは連綿として受け継がれてきたのだろうと思われます。

あるがままに「まよけだ」などというのであったら、魔ものがいなくなり、また魔ものの驚威を感じないでいられるようになったこの頃までには、こうした風習はさっぱりと忘れ去られていたのでしょう。

香　典

もう一つどうしても言っておきたいこともあるのでした。香典の件です。

父が亡くなったのが昭和三十八年ですから、その後のことです。私の長兄は古いことを守るのは嫌いな方でしたから、過去帳を見るなども父が死んでからだったと思うのです。(その兄も早くに死んでおります)

さて兄は、過去帳を見ていたら十円、二十円の家もあるのだよといって笑いと驚きの表情で語ったものでした。それに対する聞き手の私は、そうした家もあるのだろうが、それでも今の金に合わせて倍ぐらいにはしたんじゃなかろうかと答えたのを覚えています。

今、その過去帳を見ています。

たしかに、十円、二十円の字が何件もあるのです。内訳を書いてみると、

十円 ………… 三軒
二十円 ……… 四軒

三十円……九軒
五十円……十九軒
計三十五軒です。

たいへんな数です。もっともこれを笑う訳にはまいりません。他は幾らぐらいかというと、百円が最も多く四十五軒です。

この他に身内や、都会に出ているおじ、おばの何千円級と、村の身内の者は花輪とか盛り鉢とかに千五百円クラスの代金を払っています。

その花輪が千五百円というのも時代を表していましょうか。下世話なようですけど、マリリン・モンローの死んだのが三十七年だとラジオでいってました。そんな時代に十円、二十円はいかにもわずかです。長兄が目をむくのもわかる気がします。

でも、これまで死人と銭《ぜに》の関係を見てきた私たちにはわかる気がしませんか。

香典とは、死人をトリカクスための棺や酒や坊さんの払いに当てるものではなかった。ただ

過去帳

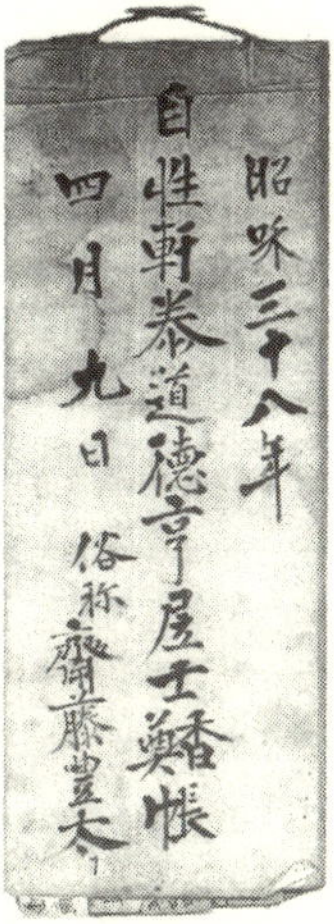

ひたすらにまよけの銭《ぜに》を提供するものだった。だから銭《ぜに》のかさにはさして意味がない。一枚二枚の穴あき銭を持ち寄ってその家、その人たちを埋めたかったのだと。

かつて私の村は金がなくとも生きて行けるようなところ、こうした古い習いを残すきっかけとはなったのかも知れません。

銭をまく

棺を家から出す時には銭《ぜに》をまきます。それも盛大に、まくというよりは打つといった方がいいほど勢をつけるところもあるのです。福島県の南端のあたりがそれで、古殿町鎌田で窪木フミさん（平成三年当時八十六歳）はこれを「棺さあてる」といいました。棺が外に出たところに米と銭を打ちまくもので、里の隣村、鮫川村西山でも米と銭を同じにまいたという。同町古殿では、輿の屋根四隅にも銭六枚を紙の間に貼って吊る。小河内の寅雄さん（大正三年生れ）によると、これはかけせんといって屋根の四隅に麻を通した銭を吊る。外して一人一房ずつ葬列に持ち行く。紐でなく紙二枚の間に貼り合わせてもやるそうです。

紙に貼った型は現代風になったのでしょう。鮫川村西山が里の大正十四年生れの鈴木公義さんの話の中にもそれは出ます。

「米一升前もって洗い上げて置いたのに、銭おひねりにしたのまぜ、仏担ぎ出した時にまく。

人々銭拾い、財布まぶりにする。棺台で担ぐが、輿の四隅にも銭吊る。穴開銭を麻で通したもの、それない家では細長い紙に銭を貼りつける。この銭はまかぬ。棺担ぎは四人、えんのつなに近親の女とりつき、ぞうりはいて行く」

同じ村鬼越のキノさん（大正十三年生れ）もいう。

「米洗って水切っておく、銭と一緒に棺にぶっつける。役を読み上げ、列が進んでいっとうしまいに棺がなかど（座敷の縁）から出る。棺が出たら笊を転がし、座敷も下も掃く。銭まよけになると人々拾う」

葬列が銭をまくことなら、これは全国的なのです。

「米っコ、銭っコ混ぜて盆さ盛り、棺の後、鉦っコの後からまく、銭っコ拾うことない。私はひろったことない」（岩手県山田町大沢）

銭は、たいてい厄除けになるなどといって人々に拾われます。このあたりで拾わないというのは珍しい。貨幣価値のあるものが、餓鬼のような子どもの狙いにならないとは考えられないもので、金銭としての価値のない文銭・穴開銭を使っていたのだろうかなど思い巡らします。少し南の田野畑町島ノ越で明治十八年生れという大年寄のモンさんのいうのも同じで、

「墓の入るところで左まわり三回する。この時、マギダンコという小さく丸めたものを平たくつ

ぶしたものと、年の数だけ銭まぜたものをまく、誰も拾わない」

同じところでナヲノさん（明治四十年生れ）は、「自分は近年弟の葬式あった時、粗末になると思って、参りに行った折々拾って箱墓に置いたのに入れておいた」とのことでした。昭和五十年に聞いた話です。

同じ村、切牛で六十歳代の婦人は、石に川の砂をまぜてまくというのも教えてもらったが、この件は後「石」の章でも語られましょう。

以下はみんな、まかれた銭は拾われてもいるようです。

「葬列が家から出る時、まき銭といって銭をまく」（宮城県鳴子町鬼首）

「死人の年の数だけ、籠三つに入れて寺の前でまく、なんまいだんぼ、なんまいだんぼと唱えながら」（福島県西会津町野沢）

「まき銭とて、竿の先に紙に銭入れたのを吊り、途中で集まった人にまく。振ると紙破れて銭落ちる」（福島県西郷町真名子）

「花かごに銭入れ、庭まわる時ほろってほろき出す」（栃木県粟野町下永野）

「寺の庭で三度まわる間、切り紙と銭入れた花籠と、それから、身内の者たちもとに入れておいた銭投げる。みな争って拾う」

これは、栃木県葛生町柿平のさださん（明治二十九年生れ）に昭和六十三年にうかがったことでしたが、同席していた娘さんが、母親は常々「俺が死んだ時はなにもしないでいいから、銭沢山まいてくれ」というのだと語っていた。

「竹籠に銭おひねりにしたのを入れ、墓までの道々、見送り人のところでまく、竹籠は二つつく。小家ではしない」（東京都奥多摩町　豊吉さん）

「銭に紙縫つけたの紙籠さ入れ、棹につけたものを振ってまく。紙籠は、一枚の紙の四隅を少し切り込み、袋状にしたもの」（新潟県上川村丸渕）

長野の平谷村旭のあたりでも、ハナカゴに入れた銭をお寺の庭で三回まわる時にまくといいますが、その他に、家から棺を出す時に二階やら屋根から菓子やみかんなどまくという。ノオクリには村中が加わり、この人たちが拾う。これは今もやり（昭和五十九年当時）、みかんなど地が赤くなるほどだと千代子さんが聞かせました。

「竹ヒゴで粗っぽく編んだ籠中に、色紙を小さく切ったのと、金を死人の年の数だけ入れ、竿に吊るして庭で三回まわりながら振り落す。拾った金火伏せになる。ことに長生きした人のは喜んで拾う。厄除けになる。夏やみせん」（愛知県設楽町神田）

「竹籠に紙敷いて銭とキャラメルなど入れ、道の角々で振りまく」

これは渥美半島田原町でトクノさんが、赤羽町高松の里でやることと話してくれたことでしたが、その赤羽町越戸で聞くところでは、花籠は先頭、角々の人の集まったところ、また寺前などでまき、子どもが拾った銭で菓子でも買って食えば、まめになるとのことでした。

鳥羽市神島では、これを「ハナを振る」といいました。二、三十本の竹ヒゴを一つまとめにした籠には、色紙を細かく刻んだものと銭入れる。人の集まったところどころでハナを振る。

熊野市小阪の実さん（大正四年生れ）は、こんなに話した。

「南牟婁郡鵜殿村の葬式に行ったら、マッコウ（シキビ）の木が一本つき、その枝に紙に包んだ銭をいっぱいしばりつけてあった。自分がそれの持ち役だったが、道中、子どもがもらいにつめ寄る。なんだこのがきらはと追い払ったら、それがところの風だった」

変形もあるのでしょう。今に働きをなす金銭であれば、本来は棺に打つなど目的は別のところにあったのだろうけれど、生きた者への施しが本のようにとられ、人の集まるところが目指され、場所も寺の庭などに移れば、家でまくのから、そちらに変ったりもする。

しかし以前のあるべき姿は、今もいうように家を出る時、そして列の道中、辻や十字路、また橋の上など、特別危

花籠

（鳥羽市神島）

6本立てのロクドウ

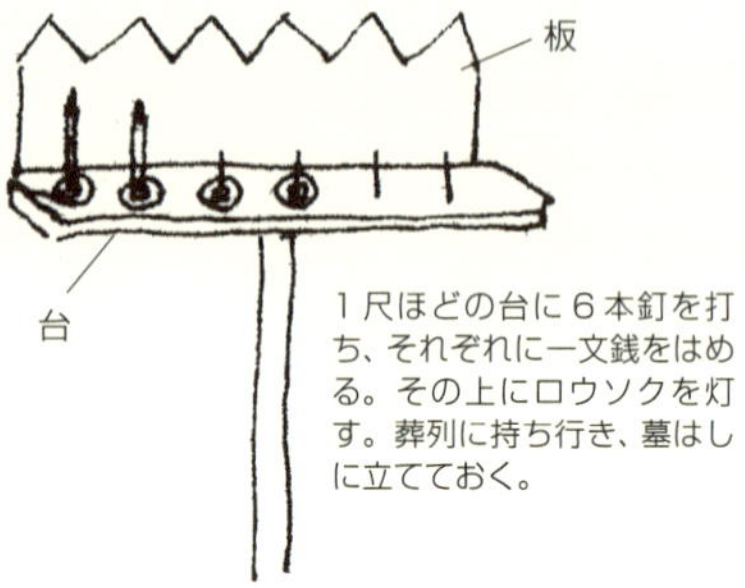

1尺ほどの台に6本釘を打ち、それぞれに一文銭をはめる。その上にロウソクを灯す。葬列に持ち行き、墓はしに立てておく。

（福岡県玄海町池田）

ロクドウ

夏などの赤唐辛子のない時は、真っ赤な紙を巻く。葬列の一番前を行く者が立てて行き、列の最後の者が抜いて墓まで行く。

（京都府和束町五ノ瀬）

険な場所にまき銭はなされたのでしょう。

かくいうは利害の伴わない、銭まき以外のいささか念の入った儀式がこうしたところで行われているからです。銭が入らない、花籠はたいていこうしたところで振るわれるのです。いや、銭が入っていても、前の例にあった渥美半島の「角々」というのもあったでしょう。角々、曲り角などともいわれるが、そうしたところは辻が多いのです。

和歌山県清水町上湯川ののぶさんも、それをこんなにいいました。

「ハナ（色紙のクズを細かく切る）を紙に包んで先頭に持ち行き、辻々でまく、叩き鉦も同じように辻で叩く」

鳴物もそうでした。奈良の天理市福住などでは、それでツジガネと呼ぶのでした。他の地方でも鉦叩きの役は年寄の役であり、辻や角々、また橋の上でジャンジャン鳴らすという。

対馬の突端、対馬町一重では、棺担ぎの後ろ二人が竹杖を持ち、それで棺を叩くのですが、家を出る時と道の曲り角、曲り角で叩く。「角々でひしゃぐわけ」と教える。上対馬町の隣の上県町湊で豊田重格さんは、橋の上では法螺を吹き、曲り角で棺を叩くといいました。

ロクドウ

ロクドウというのもそうしたところに立てられます。これも、ロウソクを灯したり、マツ（肥松）に火をつけておいたり、それらの火を代理するらしい赤紙を巻いたり、赤唐辛子をさしたりと、お祓いの性歴然たるのさまなのですが、これにも銭をつけるところがあります。

天草半島上島の有明町大浦でツモさん（明治三十五年生れ）の語りくれるところです。

「ロクドウダケといって、ロウソクつけた竹に一文銭を紙縒で穴に通してくびれつけた。道々に立て、子が銭をとる」

同じところで一文銭ではなく「十円」といったのは、もう少し若い浦本さんです。

「竹二メートルぐらいの上に板つけ、ロウソクを立てる。短冊状の紙に十円玉包んで糊で貼り、一方を紙縒にして、台のところにくびりつける。直ぐ消すが出る時に火をつけて行く」

佐賀の鎮西町村上でも、

「細竹を斜いで、なお細く削ってロウソクを立てる。竹には螺線状の模様を書いたりする。それに長い紙にひねった銭をつける。子ども取って行く。ロクドウ持って葬列より前に行き、道々に立てる」

福岡の玄海町池田で長野太郎さんたちに教えてもらったのは、珍しい型で一つの台座に六本分をまとめるものでした。一尺幅ほどの細長い一枚板の台座に六本の釘打ち、それぞれにロウソクを灯す。葬列に持ち行き、そのまま墓はしに立てておく。この釘にもロウソクをさす前にそれぞれに一文銭をはめるのでした。

辻

辻といえば私にも思い出があります。

冬であった。日にちが決っていましたが、決っていたとならば二月八日の「烏団子」の日であるかもしれません。この行事も、まゆ玉のように水木の枝に団子をさしたのを「烏にやるのだ」といって、それぞれの門口から道に出たところ（ここも辻になっている）に立てるのです。

さて、オクリモノといって一枚の半紙大の紙で家族中の身をなで拭き、終ると父親は半紙の端を途中まで細く裂き、紙縒に縒って一文銭を通す。それを丈五、六十センチのカヤの棒の頭を割りかけたものにはさむ。

これをいいつかって辻に立てに行くのでした。この時の辻は、そんな門口を出たばかりの辻ではない。私たちの小字《こあざ》のある道が村の本通りとぶっつかり、反対側にもう一本道がある、その辻だった。たいてい雪があったから、その上に突きさして来ます。送りものは、後ろを振り向かないことになっていたから、逃げるように帰ったのだったでしょう。

この辻には時々こうしたものが立ち、冬ではなかったが、藁苞に握りの入ったのや、さん俵に飯をのせてしばったのがあり、すえた臭いを発しているものだった。葬式にロクドウが立つのも、決ってここがその一つでした。

どの地方でも辻や十字路は、モノが送り出される場所でした。親たちの恐れて止まないはしか・ほうそうなどは、ことごとくといっていいほどここに送られるのであり、できもののお祓いに、わざわざ十字路に出向いて行をなすという、奄美大島の例さえあります。

おくりもの

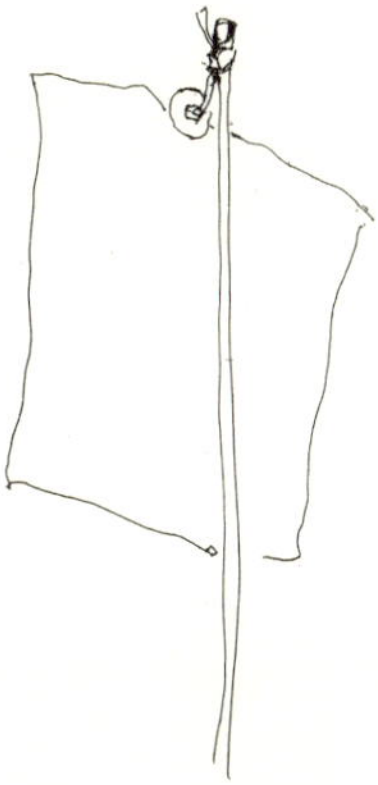

（山形県山辺町大藪）

辻は送る側の人間には都合よく、送られる方にはちょっと困ることがあるのらしい。

それをもう少しいってみるなら、一本道では、送られても、また戻って来れる。三つ股なら、前の古巣を見つけるのはよほど難しくなる。十字路ならますます路に迷うはずだ。おそらくこんな狙いなのでしょう。

葬式のロクドウの場合も、通り行く路は充分に祓い清めても、辻や分かれ道の向こうまでは確かでない。それで彼等の出現をこばむ祓いものを施すのでしょう。

もちろん、海の傍・川の傍の人は海・川にも流したのだ。これらも同じように送る側には辻と並んで便利な場所だったらしい。

鳥羽市神島では、ヤリマショという神送りを十二月八日にやりますが、間にも病気がはやると「やりましょさん一遍した方いいな」といって、六尺ぐらいのカヤの舟を作り、「やりましょやりましょ　出雲の国の大やしろ」と叫んで鉦、太鼓で村中まわり、海まで行って流してしまう。この時、人々はカヤ三本と、米と銭を紙に包んだのを握って身体を祓い、舟に投《とう》ぜるのです。

尾鷲市三木浦ではツギエさん（明治三十八年生れ）がしばらく話をしてくれました。この辺人死んで入棺の折、病気持ってってもらうとて、銭を紙に包んだもので体の悪いところを撫で、棺に入れる、何人もそんなにやっては銭を入れるという。

厳重に物忌された、「辻」どころではない、棺内もすて所としては確率のたしかな場所だったのでしょう。

私の村と同じ山形の白鷹町蚕桑では、体を拭く紙は「身拭き紙」と呼んだ。そして、身を拭いた紙はヤハハエロ（トンド）の火に燃したという。これも、送る者には確実な方法です。トンドも迎えるなどではなく、送るために焚かれた火だろうと思うから。

正月の銭

正月に銭を飾ることは、たびたび耳にしたような気がします。こういっている間にも「まえ玉」の飾りものに、赤い鯛の形などと共に「千両」とか「万両」とかの小判型が吊り下っていたのを思い出しますし、山の神の祠の前に張ったしめ縄に、鋸、弓矢、斧、鯛などの荒削りの物が下っていて、それぞれ「金一、〇〇〇円」とか、「金一万五、〇〇〇円」とか書いてあったのも目に浮びます。正月の飾り棚に今のお金の五円、十円などを載せたり、金額を書いた紙を貼ると聞かせてもらったこともあります。

ですが、これらはいかにも金儲けをしたいの勝手な振舞のような気がしていましたが、これは話し手たちの苦笑じみた顔つきのせいでもあったのでしょう、聞き逃してしまったのです。今にして思えば惜しいことで、銭には、貨幣としてではない他の役目もあったとしたなら、そんな金儲けの意識などこれっぽっちも関っていたのではなかったのかも知れないのです。

山の神

（奈良県東吉野村木津）

言い訳じみたことをいってしまいましたが、数少ないカードながら、それらを紹介してみましょう。

房総半島を粗っぽくまわったのは昭和五十八年の暮でした。東海岸の南寄りになる勝浦市大沢で、大沢鯨《げい》一さん（大正八年生れ）と、当時七十八歳だという平松庄蔵さん、二人のいるところで話を聞きました。

こちらの正月は、年神の棚を吊り、紙を垂らす。紙の上にはお供えを飾り、垂れたところには銭を糊で貼る。紙は三枚ぐらい、それに銭はそれぞれ一枚ずつぐらいだという。

この大沢の部落では、私は西宮つ称《ね》さん（大正十三年生れ）のやさしい一家に宿を恵んでもらったのだった。そのつ称さんは、正月に飾る銭というと、

「正月二日に、ヌイゾメといって、半紙を袋に縫い、銭（五円など）を入れて、年神の棚に、ついている縫糸でもってぶら下げる」

これは同じところで明治三十四年生れの平賀よねさんが聞かすのも、半紙を黒糸で縫うという以外はまったく同じでした。

糊で貼るのと、袋に込めて吊り下げるのと、どちらが古風なのかは解りませんが、いずれにしても正月に餅を飾ると同じように、銭を取り付けて置きたがっているようです。

門松に銭を吊るのは、青森の南郷村世増《よ》（現・八戸市南郷区）のあたりです。いろりの傍でヘギ細工をする増沢清次郎さん（大正六年生れ）と、そこに寄った法霊寺卯之松さん（明治三十六年生れ）にうかがったところだと、こちらでは門松は家の内の柱に結びつける。松の枝には紙の幣やメ（昆布）と、一文銭のつないだのなどをつける。

松は一か月そのままにして下ろすのですが、下ろした後では、松の小枝を家族各々がとり、いろりの火にいぶして「蛇もむかでも噛んないように」とか「腹もやめないように、頭もやめないように、手も切れないように」とか唱える。

正月に除けごとが集中することは、この後もたびたび申し述べることでしょう。

さて、門松の他、しめ縄につけるところもあります。

日本海側、鳥取県赤碕町小父という山手の村で前田屋栄《やえ》さん（明治四十三年生れ）は、「しめは十四日まで下げとく」と話したあとに、そのしめには銭、鯛、スルメなどを吊るとのことでした。

どのようにして吊ったのでしょうか、これも一声かければもっと委しい話が聞かれたはずです。

正月飾りは三宝に飾るところもあり、天草の河浦町板ノ河内の林きちさん（明治二十六年生れ）の生家では、膳に米を盛り、真中に炭を三本水引で束ねて立て、まわりの米の上に一銭から紙の札まで飾ったといいます。

もちろんこれも以前ならば、金物の銭だけだったのでしょう。

珍しいのでは銭が「財布」になるところもあります。

奈良市の山手にかかる大野では、私は十輪寺さんに宿をもらったのでしたが、寺では中江きぬえさん（明治四十一年生れ）と、中尾静子さん（明治四十二年生れ）を紹介して下さり、一緒に話を聞くことができました。その正月飾りは、

膳にカザリ（ウラジロ）を敷き、餅二つをのせ、ダイダイ、柿、昆布、財布をのせ、明きの方を向いて、家族の年寄から、

　せんまい
　せんまい

と唱えながら、膳を頭上にいただくのでした。子どもの上にもやってやります。三宝や、膳の上に飾りつけたものをいただいたり、拝したり、廻って来た年始客に手をかけさしたりして「おてかけ」と称されるものを持つような地方も多いのです。

以上は例もとぼしく、断片的、型も比較的新しいように思われるのですが、中には、平成三年、福島の喜多方市上三宮で聞かされた次のようなものもあるのです。

蓮沼成一さんが話してくれて、

「年徳神の棚に緒に通した銭、天宝銭を飾る。長く輪にしたもの、十個や十五個ぐらい、天宝銭はみかん箱一つとってあった。それが一枚もなくなった。供出で出したのかな」

蓮沼さんは大正十三年と割合若く、戦争に行ったのでしょう、しばらく家を空けて帰った時にはそれがなかったと話した。

そうかも知れない。戦争中は金物はなんでもかでも全部供出があったから、こうした古銭もバラのままや輪に貫かれた姿のままに、それらの仲間と共に姿を消したのかも知れない。

昔の小銭はみんな真中に穴があいているので、ここに紐を通して継げるのに便利がよく、その紐のことはサシとかサスとか呼ばれている。穴の中にさしやるからなのでしょう。

これに関しては、私にも忘れられないでいることがあります。秋田を訪ねたのは昭和四十八年

で、上小阿仁村小沢田の明治四十一年生れの人のいうことです。お年玉を手渡す時、

「んまっコさ乗せる」

というのだそうです。

「んまっコさ乗せるから遊びに来い」

といい、あまり多くない時は、

「おら家《え》のァやしぇんまっコだばって」

といって渡すといいます。

さらに私の隣村で作谷沢の新田というところに昭和五十二年当時、八十五歳になる樋口とめさんがおります。近所に嫁いでる姉が昔のことを知ってるのはあの人ぐらいなものだというので、一度話を聞きに行ったことがある。若い時には私の村にも稼ぎに来ていて、家の祖母などをも知っている人です。

この人、一文銭など穴開銭は藁にさして「さし」にしてあったものだと話したあと、昔の不思議な風として、正月のおしぇぎ（小づかい）だけは家の内に飾った松を折って、それに二文ぐらいさしてくれたというのでした。

おしぇぎというのも古いことばになっていて、私たちは草履かくしという遊びをした。鬼がさ

がす間、残りの片足でぴょんこぴょんこ跳んで、

じょうり片々《かたかた》なぐさっぢゃ
おしぇぎで買ァって　弁償《まよ》てけろ

とうたって、おしぇぎとは正月の小づかいだと知るという具合でした。

さて銭は姿を見せないまでも、この銭さしの登場なら、まだ見受けられることがあるのです。宮城県牡鹿町鮎川（現・石巻市）では、正月にノウハダチといって藁打ちをし、サシを作り、神棚に上げる。

このノウハダテとも呼ばれる正月や小正月の「仕事はじめ」も実に不思議なものなのです。なにも正月に藁仕事もないものだと思うのに、元旦や二日の、夜も明けないうちから、藁打ちを続ける。藁を打つのは十回・二十回ですむのではなくて、一束でさえ二百回ほども打つもので、内庭にたいてい藁打石を埋め込んである、それを重い槌で打つのだから、他家に聞えないはずもなく、人打つよりも速くといってトントンやり出すのです。

それで打った藁でなにか決ったものをこしらえるのかと思うと、そうではなく、荷縄を綯《な》ってみたり、草履を片方編んで神棚に供えたりと、型だけの仕事を成す。

趣旨は音の方にあるとしか思えません。節分の夜に拍子木を叩き、大風にも、夜泣きの子にも拍子木や槌音を響かせるように、音にも魔祓いの力があるものと思われていたのです。

それはともかく、その折の作りものに、よく銭さしなどが選ばれるのでした。

銭さしでは、またこういうこともありました。小正月には子どもたちなどは大威張りで、家を叩いたり、庭や橋や成木《なりき》や人や叩いてまわったりします。家々をまわって餅をもらうのなどもこの晩です。徳島の神山町江田の宮谷勝さん（明治三十九年生れ）によると、十四日、子どもらがてんでにゼンサス持って家々をまわる。

「オイワイソ」

といってゼンサスを差し出す。家々ではゼンサスをもらい、餅やミカンを与えるという。ほど近い同町鍋岩でも真田正さん（明治三十六年生れ）が「十四日にはゼニザス持ってオイワイソ来る」といっていましたから、ゼンサスともゼニザスとも呼ばれていたと見えます。藁を一本、真中で折って綯《な》っただけの寸法のようでした。元はゼンサスに、銭も通してあったのでしょうか。

いま一つ、島根県の柿ノ木村菅原（現・島根県鹿足郡吉賀町柿木村）では、小正月に家々を訪れる者、

銭つなぎ

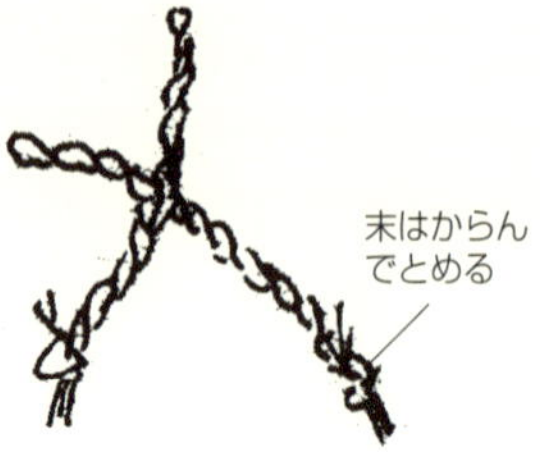

(広島県美土里町助実)

ことばは発せずに、戸など指で叩いて「トイ・トイ」というのですが、その持参するもの、藁を真中で二つに折って左綯いにし、中ほどの縄目にもう一本を通して、「でんぶ縄」というものを持つ。でんぶ縄とか、藁の馬、またわらじなどを作って盆に入れ、前の戸のない玄関に出す。家の人は盆中のものをもらい、代りに餅などを入れ、その盆を取る時に水をぶっかける。水をかけると風邪ひかんとか病気がつかんとかいい、もらった作り物は神棚に上げます。

語り手の菅原ハナさんは、十二、三歳の時一度やったそうだが、水ぶっかけられ「手に合わん」とてそれっきりしなかったそうです。

このデンブナワも銭さしなること疑いがなく、広島の美土里町助実で「銭つなぎ」というのとまったく同じでした。ここでは宿をもらった山藤さんにあり合わせのもので作ってもらったような気がします。藁は一本、真中で折って縄に綯い、真中の縄目にもう一本を通して×状にし、編み終りはからんでとめる。

十四日の晩に、藁馬やら銭つなぎを盆に入れて突き出す。もらった銭さしには銭を二枚、三枚など通して神棚に上げる。この来訪者をトラへと呼んでいましたから、そんな言葉を発するのでしょう。

壱岐の君ヶ浦では元日の朝、藁数本を綯って、先を一つに結んだゼンヌキというものを神棚に飾るのでした。数本と聞いたは一、二本だったかもしれませんね。

さて、先のところに戻り、県西端の柿ノ木村から山口側に入り、徳地町中野で話を聞かせてもらった賀屋貫一さんは「死人と銭」のところで、死水にしょう銭《せん》を付すことを話してくれた方です。私はここで同じしょう銭《せん》を、正月の年始の品、この辺でいう正月礼にしたことも教えられました。多分、異様な死水の風を聞いたあと、他にはしょう銭《せん》の使い方があるかなど問うたのだったでしょう。

のしの包み方

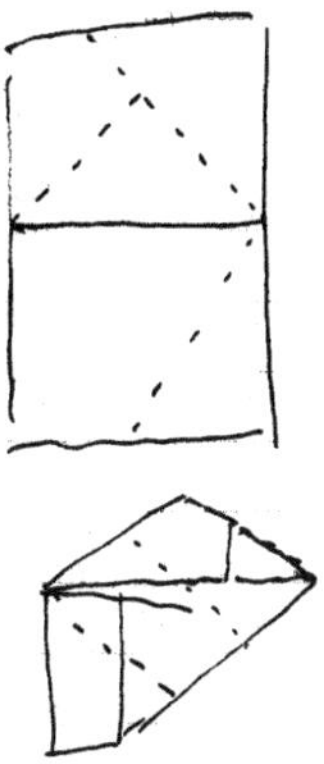

（山口県徳地町中野）

しょう銭《せん》をどのような型で持ち行くのか。紙を折って、祝儀包みにする。そういえば以前は売っている祝儀袋などはなかった。上等には奉書紙などを横にくるくる巻いて、上下を裏に折り返すのが私の村などでも普通だった。

しかし、その包み方はこの辺のは別で、私は賀屋さんから折り方もならった。これなら右の包み方などより、一段と確実なわけです。この中にしょう銭《せん》一枚を入れて正月礼に行く。明治中ぐらいはこれだったという。

同町野谷は、これよりずっと南に下った地です。ここで話してくれた木村ともさんは、賀屋さんより十年若い明治三十六年生れでしたが、これもおかしい。自分の家ですいた紙を祝儀包みにして「のし・御祝儀」と書いて、中にはなにも入れずに持ち行く。この家のある中村地区には十軒あり、それ全部に行き、行った家では黄粉餅を出す。これが一日で、二日は女が歩くという。祝儀袋の折り方は、賀屋さんとまったく同じ、この中に元々は銭が入っていたろうこと容易に想像がつくので、ともさん自身も「三文祝儀」ということばがあり、昔はこれに三文入れて持って行ったようだという。

外から来る年始客を迎える方も、有無をいわさず正月飾りをいただかせたり、手をかけさせたり、縁起物を口に入れさせたりされるのです。豆とか味噌とか、黄粉なども現れるのは、節分にまかれる豆などとも関係するのでしょうか。

二、米

散米

「昔はさんせんというと、銭ではなく米持って行った。小袋に入れて。寺でも。賽銭箱に入れる。一掴みぐらい」

福井県小浜市矢田部で明治三十五年生れの山口とくさんがいいました。

次に寄った上中井の古谷はなさん（明治四十一年生れ）も、寺ばかりでなく、墓でも年忌とか盆などにはそうするのだと教えた。

賽銭ではなく、米をまいたり、供えたりするというところは全国で聞けるようです。

静岡市口仙俣《くちせんまた》（現・葵区）でサクさんもいいます。

「氏神さまに参るに、米紙に包んで行き、ぱらぱらっと振って拝む」

同市井川の荒尾英太郎さんによると、神まいりに米洗って紙に包んで持って行き、まいて拝む。正月など拝殿が真っ白になるほどだったという。正月、年神の棚にもオセンマイにして、つまみ盛って上げる。

同じ県中川根町瀬沢（現・川根本町）でも、松井喜代平さん（明治四十一年生れ）や駒井とめさんが、神社の格子戸から米まいたといいました。

愛知県の東端富山村大谷（現・北設楽郡豊根村）で聞かせてくれるのは辻文夫さん（明治四十一年生れ）。

「神まいりにはごさんご、紙に包んで持って行き、入り口にまく。ごさんごまけば銭いらん」

同県、少し南の稲武町梨野（豊田市）で鈴木好男さん（明治四十三年生れ）は、村人が賽銭箱も管理するのらしく、米を入れるので、賽銭箱を開けた時、銭と一つにくっついて厄介なことだとこぼしたものでした。

その後まわった、岐阜の串原村柿原にいたったのは三月二十日でした。ここには観音堂があって、日頃からよくまいる。ことにも毎年今の時期には四、五十日毎朝お経を上げると、中垣ヒサノさん（明治四十四年生れ）が話してくれます。

「毎日行くのにも米持って行き、さいせんのように供える。少しずつでも何人かの集まれば量《かさ》にもなるし、また毎日のことなので、今では入れ物に入れて、溜ったら下げて来て、飯にまぜていただくようにしている」

岐阜県徳山村（現・岐阜県揖斐郡揖斐川町）の橋本一治さんは、正月七日や祭に米をおひねりにして供えるというし、京都府丹波町上野（現・船井郡京丹波町）のイカさんは、紙に包んでお宮さんにもお寺さんにもさいせんにするといい、これをオハナシと呼んだ。

和歌山県本宮町発心門（田辺市）ではこれはハナガラ、米を半紙に包んでひねったもので、宮参りや地蔵さんなどには必ずこれを上げる。年寄の人は、まいる時はいつもながら「はながら上げたか」などといい合うという。

三重県紀和町平谷（熊野市）のたみえさんのには、小豆も加わり、米と小豆をおひねりにして上げるのだった。奈良県十津川村の中ちよさんは、米と小豆を紙に包んで持って行き、神いくつかまいるのに少しずつ供えるといいます。

小豆ではありませんが、豆が加わるのは、長野県平谷村旭の千代子さんの場合もそうで、米と豆をおひねりにして持って行き、ひねりのまま、賽銭箱の傍などに置く。盆、おしょうり（しょうりょう）さまを橋上から送った後、寺にまいる。この時も米・豆のおひねりを持って行って供えるそうです。

前の例の、四、五十日続けての宮参りというのも大層なことだと思うが、愛媛の内海村網代の立目ウメノさん（明治二十八年生れ）たちなら、それが毎日だというから驚きます。

「毎朝神社にまいる。おふま（米）を小さな袋作ってあるのにいつも持って行き、三本指でつまむぐらいを振りまいて拝む。おふま袋、帰ったら家の床の間に置いておく」

西の地方の例ばかりになりましたが、宮城の唐桑町高石浜（気仙沼市）などでも毎月一日、十五日、二十八日には、「しやくぼう」といって、大本家に挨拶に寄る。「今日はいい十五日で」とか「二十八日で」とかいって、この日に年寄などは氏神に米と賽銭を持ってまいる。米を入れる袋が作ってあるということでした。

米をまく賽銭の法は、どの地方にもありそうなのです。私は今は秩父の町中にいますが、それ以前に住んだ秩父市浦山でもそうでした。村人のみんな山を下りた一軒屋で自給自足をモットーに暮していたから（車の入らない山上の村で、町に買い出しに出るのが億劫だったというだけなのだが）、お布施のお下がりを狙っていた。十二社神社という村社がそばにあり、お正月など、何人かお参りに寄る足音がする。てっきり、餅の二重ねずつ、少なくとも一つは大丈夫だろうと、足音が遠ざかるやそそくさと行く。ところが狐につままれたように一瞬キョトンとするのは、そんな餅などどこにもない。代わりに米粒が、幾つかある小祠の前、石塔のところにも、少しずつまき供えてあるのだった。家の登り口には六地蔵が据えてある、こちらにも米が少しずつ供えてあるのはしょっちゅうでした。そこも辻になっていて、お墓があり、周りの杉も大きくなっていて、あまり陽がささないところだが、日暮れ方に供えられたのなど、翌日は露を含んで、石の台座の上に真っ白に浮いて散っていたものだった。手を抜いて素材だけですましてしまったのだろうなどと勝手に決めてかかっていましたが、かえって古い形式を守っているものだったわけです。

お守りの米

『今昔物語』にある「幼き児護らむが為に枕上に蒔く米に血付く語《こと》第三十」の章は、ぞくっとさせられるものです。

或る人、方違えに幼児を連れて下京に行った。夜半ばかりに、幼児の枕元を身の丈五寸ばかりの馬に乗った五位どもの、日の装束したのが十人ほど通過した。それを乳母が打蒔の米をつかんで投げつけ、退散させる。

「夜曙（ふ）けにければ、其の枕上を見ければ、其の投げたる打蒔の米毎に血なむ付きたりける」とあります。

米を打ってお祓いにする風は方々にあったらしく、南方熊楠《みなかたくまぐす》もこれをとり上げ、

「この辺にて、小児夜驚き鳴くを防がんとて、今も玄米を撒く人あり」(熊楠全集二、小児と魔除)と書いている。

『日本産育習俗資料集成』(恩賜財団母子愛育会編、第一法規出版刊)によると、北秋田、大館地方として、「産室に多くシベを敷き、魔除けだといって米を散布する者がある」とも見えるし、山梨県東山梨郡では、「散米と称して邪気を払うために室内に米をまく」とあります。

ありうることです。子生みの時などはことにまよけの呪が尽されますが、産人は米俵、それに類する俵物でとり囲まれるのです。この時藁枕や藁を敷き、藁束の垣を巡らす点は全国にあることで、藁も米の継がりであるのか、この件も後に紹介できることと思います。

他に米をまく時がどんな折になされるかというと、長崎県小浜町小浜(雲仙市)では、大年《おおとし》(大晦日)に、塩と米を家の中にまいて祓う。

この日の塩(潮)祓いなら、どこでも珍しくないほど行われるのです。

伊万里市川内野で聞くのは、なにか悪いことがあった時に、塩と米を家中に振って祓う。

こんな形も葬式の出た後にはよく起ることでした。ですが、これも後に紹介する機会があるでしょう。

屋久島原では、日高さんによれば、不漁が続く折に米・塩を舟に振りまいて祓うのでした。

このような時、これも代表的なまよけの木のトベラ枝で叩き祓う対馬の例なども思い起されます。

こんなことだから、生れ子のまわりには、普段でも米を引き寄せておきたがったのです。生れ子には米の枕をさせるところがあります。米はまだいいかも知れません。これには「小豆枕」という地方も広いのです。そして小豆は、お守りにされる代表的な一品でした。それは今に斎いの場に「赤飯」となって現れてくるのを見ても納得できるかもしれません。

こうなると「枕」とはいっても、枕本来の役としてあるのだなどとはいえないのです。小豆はもちろん、米だって、ふわふわの海綿状の頭にはかたいのです。佐賀の嬉野町は、一升とか二合半ぐらいと、米枕をさせる地区ですが、同町上不動山でサエさん（明治三十三年生れ）は、

「小豆か米枕させる。当初は枕元置くだけ、少したってからすけさせた。かたそうなので」

実情はサエさんのような扱いの場合が多かったのだろうと思う。親たちにも、米や小豆の枕が赤子にはふさわしくないとわかっていた。けれども一時期なりとも当てさせているのは、「米枕させたら

トベラ

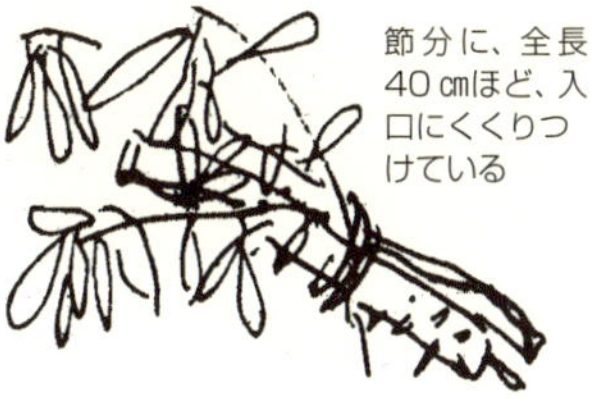

節分に、全長40㎝ほど、入口にくくりつけている

（瀬戸町塩成）

頭丸うなるで」とか「頭歪まんでいい」といわれているからです。

もちろん今の育児法では、そんなことは誤りだったといわれるはずです。そうです、元々は「枕」として用意されたのではなく、まよけに強い米や小豆を赤子の枕元に置きたいだけだったのでしょうから。

初湯

生れてはじめて浴びる初湯に米を投ぜる地方もあります。一緒に入れるものが他にもあって、奄美大島宇検村生勝などは、生れて直ぐに浴びせるのですが、たらいの湯の中に米三粒と鋏を入れる。加計呂麻島でも、「金物と米三粒入れる」と聞きました。いずれ金物とは鋏などであるのでしょう。

屋久島の楠川では、米・塩に、鼠のふんです。

少しの例の中でも、すでにこれらの性格を推察されたように、米はなにかを除ける祓いものの一つにされているのです。ところによっては焼いた火箸を入れたり、燠《おき》を入れてジュッといわせたり、誰でも身をひく蜂の巣を浮かせたりまでするのでした。

はしかもそうです。直りかけた頃に湯を浴びせる。これも奄美大島の宇検村芦検では、湯に米一掴みと鋏を入れる。これをしないとならないというのです。
加計呂麻島薩川では、金物と米粒とを湯に入れ、それで身体をなでる。これを「すでぃ水」といって「すでぃ水せねば、またさわりある」という。
はしかでいうならいま一つ、米袋を被らせるのがある。これには鍋をかぶらせるとするところもあって、米の威力に起因するのか、金物としての鍋にまつわるのか、定かではないのです。そして鍋の場合は、はしかに限らず、大人でも外で病を得た折などにかぶせられているのです。
さて、米袋というのは、先にいう神まいりに持ち行くように巾着型の袋を常に縫っておくものだった。子どもが生れても、人が死んでも、家を建てても、嫁どりでも、昔は米が持ち行かれた。それでもっとも通常には一升入り、またたまには二升入りのも作ってありました。

米袋

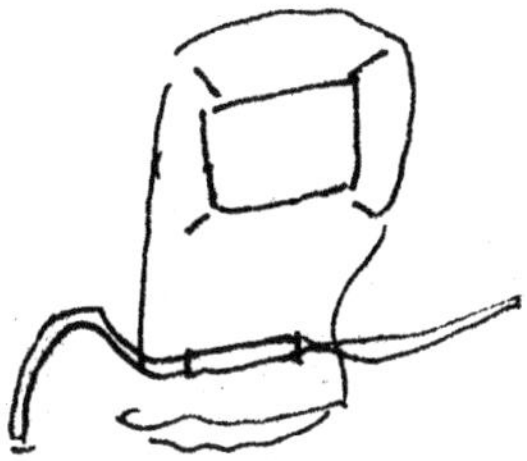

四隅をつまみ縫って、マチをつける。嫁もらいには夫婦袋といって２つ錦などで縫い、一つに2升あて入れ、紐結び合わせて贈る。

（鳥取県赤碕町高岡）

天草の松島町内野河内（熊本県上天草市）で山下サワさん（明治三十一年生れ）たちは、病気がはやると、「はやりかぜ来た、ほら袋かぶせろ」といって一升袋かぶせたという。不幸や喜びに一升持って行くので縫ってあり、その袋を子の頭にすっぽりかぶせるのだという。またははがまをかぶせるのだとサワさんはつけ足す。

同じ内野河内で、まだ若い大正十五年生れの藤本まつこさんは、この間それで騒いだところだったといって、笑いをまじえながら話してくれた。

「家の孫がはしかかかっている時、本渡に行ている娘夫婦が孫つれて客に来た。それで、『うつらんごはよかぶせ』と大騒ぎして、はがまかぶせた、袋は直ぐには出なかったので。家にはクドがあっていつもはがまかけてある。ばってん、はがまには水が入っていたので、電気がまかぶした。子の父親、驚いて『お母さん、それなんですか』といった」

鍋墨も強力な祓いものらしく、遠出をする時など頭にいただいて(つけて)出るところがありますが、今は墨が出来ないので、電気釜の尻をなぞって、いただくしぐさだけするのだと語っていたおばさんたちも想い出します。

対馬厳原町小茂田のよし子さん(明治四十一年生れ)にも、

「流行病はやった時、子の頭に鍋をかぶせる、まはらいだといった」

と聞いています。

岐阜県御嵩町中でも、はしかかかりはじめに、はがまを被せる、だがその釜は「飯炊いた後の洗わない釜」だという。

これは房総半島、九十九里浜に沿う白子町浜宿でもいうことで、ハルさんによれば、はしかはやる時、飯釜洗わずに子にかぶせるといいます。

米の袋といい、わざわざ「洗わないで」というところを見ると、やっぱり米の縁によっているのでしょうか、それとも二つの合力を目指しているのでしょうか。

こうした力あるものなら、生れだちでなくとも、毎日でも傍に副《そ》いおきたいと願うのも道理でしょう。加計呂麻島阿多地では、初着の後ろ衿下に赤布で三角袋を縫い、米粒三粒と長命者の白髪をもらったものを入れたのを縫いつけます。生れた当座だけでなく、ずっとこのまま着せておく。

米ではない、「五穀」となるのですが、北の宮城県志津川町の西条みさをさんも、赤子のうちだけでなく当分つけておくと、同じようなことをいっていたのでした。

「ウツギの杵っコと巾着コ縫ったのに五穀入れたのと一緒に背中に吊るす。そば、あわ、きみ、豆、小豆など、三つ四つまでの子年中つけとく、おがり（生長）のびしないうちは出ものしたり、はしかしたり、病気するもんだでの」

「米」か、「五穀」とは折々に沙汰される。この後でも何度か顔を出すでしょう。米のまよけの性はどこにあるのか、それについての考えも後に聞いてもらうでしょうが、穀物であるという資格であることだけは確かなようなのです。穀類として、その代表格であるらしいのです。

年寄

また年寄の白髪がお守りにされました。長生きの者にあやかるためのものとするのも間違いではないでしょうけれど、もっと積極的にまよけとして用いられたのかも知れないのです。病気も災害も、すべてあだなすモノの仕業だと考える人たちにとって、死にがたい者、いつまでたっても生きていられる者というのは、これすなわち魔ものに対して異常な力を有しているということでした。家に年寄がいればこれこそ宝物、いてくれるだけで家の守りとなり、盾となってくれるのです。八十八の歳いわいには手型を押し、親しい者らに分かち与え、もらった方では門口、戸口に貼って、まよけの力にあやかろうとする。屋根瓦のまよけ、シーサー（獅子）は沖縄で有名であるけれど、日本海側鳥取のあたりでは、鬼瓦に代る翁、姥の瓦もあるのです。死に難いことで名を売っているスベリヒユも国中で戸口のまよけに吊されています。

出初め

生れ子のはじめての外出《いだ》しには銭が放られ、橋のたもとに供えられたり、首に吊るされたり、耳にかけたり、なにかと体に副わせたがっているようでした。銭が米に代っても、似たようなことが起っています。

山梨県早川町奈良田の深沢せんさん（大正七年生れ）たちは、宮参りに行く時、またそれ以前に川を渡る時に米をまいた。普段でも神社にまいる時は米を持って行って供えるというのだから、いつもと変わるのは川に放るというところでしょうか。神社では撒きはしないで少しを盛って供えるという。

三重県鳥羽市神島では、これをオオハシノワタリゾメと称します。寺田とらさん（明治四十四年生れ）に説明してもらうと、

「十一日がアガリ（オビアキ）、その後大橋の渡りぞめといって、母が子を抱いて村の橋を行ったり来たりして来る。それに出る前、家の前で母子に婆さんなどが潮ばな（海から汲んで来た潮）、それからアライアネといって米と小豆振ってくれる。アライアネは米と小豆を洗ったもの、橋の渡りぞめに振ったり、清めの時使う。『ちょっとあらいあねしとけ』などいう」

同じ所で明治四十三年生れの婦人も同様、ただし、アライアネは米と麦に替りました。

奈良の十津川村（奈良県吉野郡）では、上葛川の中ちよさんによると、生れ子は、百日までは橋渡らせるなといったという。そして渡る時は橋に塩まいたが、また百日前に山行く時も山で塩まく

という。一方、同村片川でやはりちよさんは、橋たもとの左右に米と塩を供えたという。

塩までは撒いてもいいが、米になると粗末なように映って、供えることにもなるのでしょうか。

橋をはじめて渡る時に塩をまくのは、岐阜の久瀬村津汲でも同じでした。「水の神さまが、いちばんおそがい（怖ろしい）」といって、それをすることだとおばあさんたちは教えました。

棺を打つ

前に加計呂麻島で出会った葬式では、棺のそばに控えた者が、この地方で除けごとの折に使われるトベラの枝で、時折、棺を打ち叩くのでした。それも空気を緊張で染める激しさで、枝の葉の散るまでにひしなぐのでした。

だから、岩手の宮古市で棺に米を打つと教えられた時も、それほど驚かずにすんだのです。棺の後ろが鉦、その後に散米の役がつき、四角の盆に盛った米を時々「棺にぶっつけるみたい」にまくのだという。

同じ宮古市の石浜で、畠山ヨシノさん（明治三十四年生れ）の聞かすのにも驚く。これは米ではなく「砂」である。

「棺のあと後綱（ぜんのつな）につく女たち、ほとんどこれらと並ぶようにして砂まき、念仏申す者らが棺そばにつくが、これがよく頼まれる。自分もよくやる。前は砂を棺に打つみたいにまくので、人の頭の上にかかる。それでは人を祓うようで悪いので、足許にまくように教えている。砂は川砂、盆に盛って」

このことは、少し北の同じく陸中海岸ばた、田野畑村島ノ越でも聞いていたのだった。こちらではマキダンゴとて墓の入口で団子と銭をまくのだが、それに川砂をまぜてまく。死んだというと取りに行くと、これは六十代の婦人と同じ村切牛の婦人と二人一緒にいるところで聞きました。

新潟の三川村上綱木（現・東蒲原郡阿賀町綱木）でもいいます。

「棺の後につき、一升枡に少しの米を入れ、棺に当るようにまく、血縁者でなく、組の者、これと共にしようがね持も並ぶ」

前にも鉦打ちの役が出ましたが、坊さんの鉦とはまた別にたいてい役の中に組み込まれているのです。

出棺時にまくというは、山口県徳地町中野（現・山口市）のあたりです。

「棺を家から担ぎ出した時、棺に向かって米を一掴みまく。その後、藁一把で座敷掃き、門でその藁燃やす、その煙のなびいた方で次に死人が出るという」

「棺家から出た時に、棺に向かって米一掴みまく。姑死んだ時、近所の人が『ごりゅうがんしたから早よ米まけ』というので、自分がまいた」

こういうのは同町猿屋のあさ子さん（大正五年生れ）です。

大分の庄内町五ヶ瀬（由布市）のあたりでは、もち米を炒ったハゼ米です。もち米の籾を炒ってはぜさせたハゼを、重箱などに入れて供えておき、棺が家を出かけたらハゼをまき、追い立てるばかりに掃き立てます。

これを話してくれたかつよさん（明治三十九年生れ）は、「また、紙に入れて墓に行き、穴に納めた棺上にもまいたようだった」といいました。

これは遠く海上を離れた喜界島でも同じです。先内で渡さんに説明してもらえば、

「棺家から出す時、中柱《なーばや》に足の方三回当ててタカオモティ（横縁）から出す。出た後はフミバナ（米、洗わずにそのまま）まいて箒で掃き、戸閉める。葬式から帰ったら、今は水に塩入れたので手洗う。前は浜に降りて潮で」

出棺の折には、じつにいろいろと、目を剥くことが行われるのです。

まず塩を振る。山口県徳地町柚木でなどは、出棺の時棺に向かって塩をまくといいます。これは現在でもお祓いの立役者ですね。水をぶっかける、「お願ほどき」などといってバケツの水などをぱあっとまくのです。誰だって身をよけ、浮足立つでしょう。灰をまくところ、火を焚くところもあります。槌を転がし、杵で棺の横腹を搗くようにしたり、外に投げ出す。そしてこれはど

こもしない地方がないぐらいに、これ見よがしに掃き立てる。

人々には目に映るものしか見えない。生きた人間と、せいぜい死んだ、棺の中の死人としか映らない。それで逐い祓うものは死人と誤解されることにもなるのです。

年寄はいうものです。

「一代働いて、叩き出されるて哀れやな」

彼等をして、切ない思いにさらすことになるのもこれだ。

生きた人間と、命奪われた大事な家族たちの間に、叩き出したいところの第三者の控えいるところが見えないのです。

屋根にまく

死人が生前願をかけたので、それをほどくといって米をまくこともあります。打つ相手がないのでは説得力もなく、「願ほどき」など訳のわからない理由をいって説明する。前の例のように、ただ棺に撒く時にそういうところもありますが、とりわけ屋根の上にまくことが多い。島根の吉田村菅谷などでは、紙に少し包んだのを屋根に放り上げ、ガンホドキと呼んだ。しばらくの間、屋根に白いものがあるのが見えるといいます。紙であれば雨にもほころび、中味をさらすことになるのでしょう。

これは「銭」にもからむ。島根の平田市畑浦では、銭と米を紙に包んで、出棺後に屋根に放るのでした。ここでは「屋根の上を越す」といういい方をするのです。同市地合や塩津でも銭と米を包んで屋根に向かって放るのは同じです。

屋根というのもわけなしではないのでしょう。他の場合を併せ見るなら、屋根の上は一大まよけの置かれる場所なのでした。それは五月節句の折のカヤ・菖蒲のさし置かれる、ところによっては屋根に放りのせられることだけ見ても察知せられるところです。もちろんこれらの採物は、他の折にまよけ、祓いものとして登場しているのです。

風の吹き荒れた時には、屋根には鎌が立てられる。夜泣きの子、はしかの子のためには赤幣が立てられ、鏡よりも光を放つらしいアワビ殻が幾つものせられ、節分の目籠が掲げられ、トンドの燃え尻が長く睨みを利かす。正月のしめ縄をまとめて、放り上げておくところもあります。

さもありなんと思います。地にある人間は地上を掃き清め、相手のいやがるものをまき散らし、掲げ、祓いまわるだろうけれど、迷惑なものは他にも風のように上からやって来て、まずは家の屋根に寄りつくらしい。彼らの第一歩です。屋根で食い止められるなら、それに越したことはないのです。

五穀と米

棺にまく米は、生きた人間と、死んだ者との間にいる、寄ってもらってははなはだ迷惑する第三者に打つものだと前に考えを披露しました。それは、棺の中にあって死人も、米などのまよけの品を抱かされていることを見ても、よく納得させられるものです。

死人は、白いかたびらを着せられ（前は裸だったという地方もありますが）、首にはずだ袋を吊される。これに米などが入れられます。この時、米ばかりをいう地もありますが、「五穀」と、他の穀類をいうところが多いのには、米のまじないたる性を知る上で注目しておいていいでしょう。

岩手の軽米町小軽米では、袋に米と稗《ひえ》・粟《あわ》をまぜて、縁者が少しずつつまんでやる。

同県岩泉町小本《おもと》の、昭和五十年に会った時達者だった明治二十九年生れの小成《こなり》チヨさん、

「三角袋二つ縫い、五いろの穀類入れ、つらコ（紐）つけて結んで首にかける。これにはまた米、茶碗一杯入れる。もう一つの方は前に垂れる方長く縫い、すっぽり頭にかぶせる」

南に下って同県女川町野々浜などでいうのも「豆・小豆・ささぎ・米などに六文銭」、牡鹿町大原や長渡だと、五穀といって粟・そば・麦・小麦・稗などを殻つきで入れる。今は作らないので、籾や麦などだそうです。

山形でも五穀といって米・豆・そばなど、福島でも会津地方で米・粟・稗・小豆など入れるといい、栃木の粟野町や葛生町原では、粟・稗などの五穀に六文銭だという。原の九十二歳になる（昭和六十三年当時）という小平孝作さんは、銭は「文久銭」といったものでした。

屋久島宮之浦では、役をした人（湯かんをした人）四人ぐらいで、ごしとつマス（湯呑茶碗一つ半ぐらい入る）けえ切って（平らに切って）、米を逆手に三角袋に入れる。六文銭もいうのです。

米は穀物の資格で現れているのです。穀類の総代として、事に臨んでいるのです。五穀＝米と、五つの穀類がまとめてかかってもかなわないほどの力有するものと、自他ともに認めているのでしょう。そして、それがなにかといえば、子を多く持つこと。粟も稗も、つける実の数には誇るものがあって、とうぜん米が手に入るまではこれらが役を務めたのでしょう。けれども稲は、これらとは規模を異にしていた。一つの種子が分けつして数本になり、それぞれは垂れる穂をつけて、結局何千もの粒をみのらせ、大袈裟な言い方ながら「一粒万倍」といわれることにもなるのです。

まよけの資格にはさまざまなものがあります。臭いもの、刺のあるもの、猛きもの、赤い色のもの、光るもの、音立てるもの、死に難いものなど。

その中に子沢山もあります。

向こうは一家・一族を殲滅せんと意気込んでやって来るのでしょう。けれど、こちら子福者はいくらやっつけられても次から次へと数を繰り出す。それがきりなしでは相手はいい加減いやになるではありませんか。気力は失せ、足はよろよろ、ほうほうのていで退散する。また、そんなことがわかっていたら、はなから仕掛けもしないのです。

正月に是が非でも食べる数の子がこの類の一つでありましょう。つまり、米のまよけの性は、数の子と等しいところにあると思われるのです。

米糠

棺にこぬかを入れる地方も、思いの外多いものです。米の名代としてあるのでしょうか。銭も、一文銭が手に入り憎くなると、紙に型押しをして、また墨で描いてすますようにもなるから、それもあり得ないことではありません。もっとも、こぬかがあれば米もそこにある訳で、こんな滅多にない重大事の折に略式を用いたとも思われないのですが。はしかに米袋をかぶせたように、米の威力は分身にもあまねく行きわたっているという考えなのでしょうか。

ともかく、その折一緒の棺内に納められる品を見て、米のまよけの性を再度確認出来るかも知れません。

山梨の早川町黒桂や新倉、また愛知県の富山村大谷でも、

「こぬか、ナンバン、六文」

を入れる。

長野県でも、北から、穂高町塚原で聞くのは山椒の実、こぬか、米、粟、キビ、六文銭、線香を細かく砕いたもの、これらそれぞれを紙に包んでおひねりにして、ずだ袋に入れる。山椒がなければ、コショウ（唐辛子）を細かくちぎったのでもいいそうです。

ナンバン（唐辛子）もそうだけれど、山椒は、節分をはじめ、お祓いの折にしばしば登場するものです。「刺あるもの」の意味でしょうか、「臭いもの」の資格でしょうか。

「こぬか一つかみ紙に包んで棺に入れる」（戸隠村平、ばんば）

「米団子三つ、こぬか、六文銭、ずだ袋に入れる」（美麻村谷地）

「米、こぬか、山椒、胡桃一こ、ヒル（ニンニク）それぞれ紙に包んで、ずだ袋に入れる」（長谷村山室）

山室では明治三十七年生れの原志つえさんにうかがったのでしたが、胡桃は珍しいものの、お守りにされることもあります。姫クルミのとんがりに穴を開けて子の背にしょわせたりするところがある。なんぞいうことがあるのでしょう。ニンニクはモノ除け物の代表選手です。

長野も南端になるが、売木村で、灰とこぬか入れるというのも特異です。これは静岡県小笠町棚原でも聞いており、ここでは、

「こぬか、灰、銭」

をずだ袋に入れるという。愛知県東栄町本郷でも、

「山椒、こぬか、灰」

山椒は実がなければ、葉でも枝を折ってでも入れるそうです。

静岡県中川根町瀬沢できようさんによれば、山椒は葉をさすのらしく、葉のない時は茎さら折ってといい、ここでは、

「サンショ、こぬか、針一本」

をずだ袋に入れると、針が加わりました。

これは静岡県下には広いのらしく、御前崎でも、こぬかと針を入れるといいますし、ここにほど近い小笠町高橋原では、六文銭とこぬかを紙などに包んで、それに針二、三本さすといいます。

これらの例は特別に意図的に選んだのではなくて、「こぬか」と耳にした地方のを紹介したまでです。銭のないところもありますが、念押しにうかがえば、この他にも加わるものが多くあるのかも知れません。

米を噛む

お産の時に米を噛む風習がありました。経験している人も大勢いるのではないでしょうか。「日本産育習俗資料集成」は、大正年代全国から文書で解答を得る方式で集められたものですが、それなどを見ると、青森から九州長崎まで、ほとんど全国にわたってこの風があるのがわかります。

岩手の北端、軽米町小軽米でみきさん（明治四十四年生れ）は、「産んでから噛んだ」といいました。同地でも他の人は産む前で、十粒ほど噛まされたそうだ。

岐阜県洞戸村飛瀬のみち子さん（大正五年生れ）は次のように話す。

「産気づいたら生米噛む。眠らせたらいかんといって、産後も噛ませる」

これの理由は、産婦を眠らせないようにというのが通り一般の説なのです。

ところが、これがあまり当てにはならない。というのは、葬いで噛むこともあるからです。

長野の天竜村坂部のあたりでは、

「死人の装束縫うには、二、三人でむしろの上にいて生米食べしな縫う。普段は食べしなに用するなどしない」ことだという。

例はこれだけですが、特異なこととは思われません。葬式では、まだ他の折にも米を噛むことが行われているからです。

人の死の折には、よくよくなにかを怖れないといけないらしい。死人を扱う人間もよけ事をつくし、死人にもそれらを抱かせ、道々にも心をつくして、死体は埋めて、この世から隠し終せる。やれやれと思ったのも束の間、恐れたものは、こんどは我が身にまとい来る可能性なきにしもあらずと新しい心配になる。そこで葬式の後も物忌が続くことにもなるのです。さし当って葬いから帰った者の身から、可能性のある彼等を祓い落しておく必要がある。

それが、現在も行われる塩祓いでしょう。この時米が噛まれ、また振られるのです。

千葉の大原町岩船（現・いすみ市）でも、白子町剃金《そりがね》納屋（現・長生郡白子町）でも、塩・さご（米）を振ってきちゅうばらいをやる。これより少し南に下った、勝浦市大沢や天津小湊町小湊などになると、大豆が加わって、米と豆を炒ったものになる。

鳥取の中山町塩津（現・西伯郡大山町塩津）でだと、

「箕の中に置いてある米を少し噛んで入る」

隣の名和町御来屋《みくりや》（現・西伯郡大山町御来屋）、大雀などでは、

「米と塩別々の皿に出してあるのを、塩を振り、米を少し噛む。たらいの水で足を洗う」

また、その隣の大山町平木では、

「たらいで足洗い、箕の中に少し置いてある米二、三粒噛んで入る」

同じ村、豊房でも内陸部に入った溝口町三部《さんぶ》（現・西伯郡伯耆町三部）でも、

「箕にちょっこし米置き、噛む」

岡山県阿波村中土居（現・津山市阿波）では「箕に塩と米置き身に振りかける」と、振るだけの型です。


「箕」が何度も出てきますが、前にも少し言い及んだかも知れない。これも祓いものに登場するもので、死人の上にのせたり、外出先で病を得た者をあおいだり、子のハシカには、子を中に入れてひり出す真似をすると、さかんに顔を出すものです。

さて、壱岐の君ヶ浦でも、対馬の厳原町佐須瀬でも同じようで、塩・米・線香を細かく折ったのをまぜて置き、たらいの水で足を洗ったあと、振って祓う。

奄美諸島の加計呂麻島にもこれはあり、阿多地や薩川では、葬式から帰りに浜に降りて潮祓いし、家に帰っては米を二粒、三粒口に入れ、また身に振りかける。

塩とまったく同じ扱いを受けているのです。

なぜ口に入れるのか、これも塩と同じことだろうと思う。

奄美大島に行ったのは昭和五十二年で、島のやや南部の西仲間では武島さんという、地区の区長さんの家に願って宿をもらったのでした。翌朝、まだ若い武島さんのご長男が名瀬に出るところで、もう黒い背広に身を包んで庭に下りている。いちばん末の息子さんが名瀬の高校に入学するので、お父さんの名代で出席する、車を運転していく。そこに便乗するという、近所の、やっぱり入学する子を持つ小柄なお父さんもやってきました。上り端にはスプーンまで入った塩入れが出してある。彼のお父さん、この塩つぼにもろに手を入れ、思わず目を見張るばかりの塩を口にふくみ、それから、左の肩に、右の肩へと振りかけた。黒い背広の肩だから雪のように目立つのです。彼のすむのを待って息子さんも同じようにした。

この辺の人は、出かける時には是が非でも、塩祓いをする。山に行くにも、危険な仕事にかかる時もだが、現在では一番の危険が車を運転することになった。それだから、ことにも厳重な塩祓いが必要なのらしい。出かけてからも、どこの家にでも飛び込んで塩をもらうそうだ。

これまでも塩祓いをするのは始終見ていた。泊めてもらった家の一人暮らしのお婆さんは縁側に塩壺を出したままにしているのだった。出かける時に塩祓いする他に紙に包んで持って行って、危ない目にあいそうなその都度に塩祓いをくり返す。この人たちは塩を身に振るだけでなく、ちょっと口にも含んでいた。あんまり目立つほどの量でも、また仕種でもなかったために見過ごしたが、それは私たちの身のまわりでも律儀な人なら、少し舐めていたことでもわかるのです。

力士が土俵の上で塩を振り、口にもきっと含む、あれです。

なぜ口に入れるのでしょうか。なぜ米を噛むのでしょうか。

身のまわりは、ことごとく祓いすました。家の内はいちばん安全であるように祓いすまし、家の外も厳しくまよけを施した。とりつこうとする迷惑なものを、着物からゴミを振るい落とすように、さまざまな行を用いて振るい落した。

ですが、まだ一つ抜けてはいませんか、体の内側です。いくら外側は完全に祓い終しても、体内に隠れひそんでいるのなら、すべての心を尽くした祓いも御破算になる。それで、まよけの品を飲み下して、体内の祓いとしたのです。

「一寸法師」や昔語りの主人公が、鬼や怪物の腹の中で彼等を退治する場面がありますが、あれらがまったくの創作ではなかったのだと思えてくるもので、ああやって、内側からの点検に当っているのです。

山形で私たちは、正月に必ずヒョウ（スベリヒユ）を食べるのでした。そのスベリヒユが戸口の魔払いに吊り下げられるのは、国中にあることは前々も述べました。「夏病みをしない」とか「暑気払い」とかいって腹中に納めるところもあり、また盆の仏様の御馳走としてなくては済まない地方もあります。

病気がはやったら、ニンニクを腰に下げたり、家の入口に吊るしたりすることが多いですが、そういう時とか、重病の人を見舞うに、ニラ、ニンニク、ネギなどをたべていくということもされるのです。

煙草なども、あんな辛いものをふかすようになったのは、こんなことからでもあったかも知れず、アメリカの西部劇で、客人に迎えた白人に長い煙管の煙草をまわし飲みする、珍妙と思った場面なども思い出します。

ニラの花

苦いお茶だって、仕事にかかる前は必ず一杯飲むものだとか、朝茶は厄除け、一年の内の最初の口に入る物が正月元日の茶だとか、葬い帰りの厄祓いの方法が茶碗いっぱいの茶だとか、これらを見れば、茶もこの類に入ることがほぼ確実です。だから米を噛むのも、産育の場、葬いの場合にだけ起ることでもなかったのでしょう。

昭和五十九年、岐阜県板取村上ヶ瀬（現・関市板取）では、長屋こめさん一家に宿をもらい、翌日も宿がなくて戻ったのに、当り前のようにして泊めてくれたお宅です。その嫁さん、りつえさんの話してくれたことです。

「正月坊さん来て拝んでくれる。その時出しておいた米、座敷の棚上に置いておいて、仕事に出る時や、旅立ちに二つ、三つ噛んで出る。他にも、『夢見が悪かったで食べてけ』などいう。お産の時も噛ます。兄、仕事に来るに毎朝一粒ずつ必ず食べてくる」

白

テレビの時代劇「暴れん坊将軍」を観ました。私はテレビを持っていませんから、旅先のどこかで観たのです。二十年ぐらい前のこと、途中から観たので筋はちっとも覚えていません。ただ忘れられないでいる数場面があります。

葬式の場面でした。喪主など、主だった男女三人ほどが顔を真白に塗っているのです。糊を塗ったように、かなり厚ぼったく白色を強調して塗られており、その者らは白装束でした。

異様な眺めではありましたものの、わからないことではないのです。顔を白塗りにした人たちは、さきほども一寸触れましたように白装束の出立ちでした。女は長着の上に帯も白、男は白い着物の上に裃《かみしも》も付けていたかと思います。

今では見事に国中が黒一辺倒に変えられてしまったけれど、以前は葬式に着る衣装は白でした。そんなに遠い昔ではありません。私が幼い時死んだ祖母の葬式に母親は、白むくを着て頭から着物を一枚打ちかけのように被りました。頭にかぶったのは私はよく覚えていないのですが、姉たちから聞けば、かずきという単衣着物の片袖を頭にかぶったのだという。その時でもすでに、白を着るのは嫁一人と省略の形になっていたのでしょうね。

この風はずっと後々まで守られていたことは昭和五十五年京都府の和束町で出合った葬式でもまったく同じでした。死者がまだ一人身の男性の葬いだったから、兄嫁なる人がその役を勤めたのでしたが、かずきの衿深く、顔もうかがえないばかりに被いて、埋める山腹の墓所まで行列したのです。

それから奄美諸島の加計呂麻島で出合った葬いでは、棺担ぎが四人とも上半身だけにかかる晒の白衣、血縁の女は何人でも、防空頭巾のような白衣を被るのでした。

白装束から、こうして略されて来たのでしょうが、手軽な型ですむならとふたたび本来の姿に戻るらしく、会葬者全員が帽子を被るとか、白布を衿にはさむとか、髪にさすとか、紙縒を手にするとかになるのです。秩父の葬式では、全員が薬包みぐらいの三角に折った紙にやはり短く切った麻が渡されるのでした。

こんなわけで、白で身体を覆った、残る顔の部分もいっそ白ずくめにしようともくろむことはありそうなのです。

なぜ白か、白がなぜ祓いごとに有効なのかについても簡単に立ち入った方がいいでしょう。その前に白色と共にまよけの色とされる、いやそれ以上に強力な赤色について眺める必要がありそうです。

もっとも命を守る必要のある赤子には赤色の着物を着せました。真赤な布も、そう手に入るものでもなく、丸々一枚赤に出来ない時は肩だけにはいだり、衿だけにしたり、とするのだが、とにかくハナ染めとか茜染め、紅木綿などといって都合するのだった。女ばかりなのではなく、男女共通です。

赤でなければ黄色で、ウコンやクチナシ染が用意された。こうした赤や黄色の着物を着せれば、「蚤がくわない」、「病気を除ける」などというのですから、親たちはなんとしても昔からいわれることを守り続けないではいられないのです。

まよけに、いちばん威力を持つのはなんだったでしょうか。「火」です。火はなんでも焼き亡ぼすからでしょうか、いいえ、火よりももっと強力なのは、天《あま》が下掌に覆いつくすところの陽・太陽でした。「昼の幽霊に会うことない」の諺どおり、これの光を注いでいる間は、あちら側の世界のものたちの出番とはならないのでした。

昔話の鬼たちも、銭勘定という楽しみに酔いしれている時でも、陽の出のさきがけの鶏が時を告げるのにさえ、身も世もないあわてぶりで退散するのではなかったですか。

火もまたまよけの力、太陽に準ずるというのは、遠い昔、人間が火を入手した時に、太陽の一部・太陽の子とでも思い込んだのではないでしょうか。熱さも、色も二つは似通っていましたからね。だとしたら、なんとでも工面して生れ子の身体にまといつかせようとした赤、そして黄色は、太陽の色、陽の色であった。赤色をヒ（緋）ともいう、あれもヒ（陽）でしょう。

そして白はまた、昼の色、夜が明けて、闇の黒に分かって現れる明るい、陽の光が君臨する昼日中の色でした。

白装束に身をかため、残るところの顔も白く塗り、白い旗のぼりをひるがえし、棺の内の死人をも白で覆い、迫り来るあの世の空気を伴い来る暮色に、昼の一区画を現出させようとしたのです。

じつは顔を白く塗るテレビの場面が印象深かったというのは、以前から米を噛んで貼るということを何度か聞かされて、その都度不思議ななしようだと思っていたからでした。

一つは、子どもが瘤などを作った時、米を噛んでつけてやるというもの。平戸市野子や、天草半島の河浦町益田、阿久根市脇本などで、いずれも「こぶには生米噛んでつける」といいます。

二つ目はうるし負け、ハゼ負け、この時も茨城県大子《だいご》町などでは生米を噛んでつけることをいい、岩手の久慈市久喜では、稗、水にうるかした（ふやかした）のをすり鉢ですって貼るといいます。

これなどは米以前の形でしょうか。

瘤ができる次第も、ウルシに負けることも過失に近いもので、よけごととは関係なかろうといわれるかも知れませんが、悪い出来事はなんでもモノ、カミの企みによって起ると考えるのが、昔の人々でした。彼等が瘤になる原因を作り、ウルシをして仇を与えるとでもみるのでしょう。うるしの呪い方などは、おかしいことばかりです。兄弟盃をしたり、夫婦の約束をしたり、おばといったり、「犬の子」になりすましたり、こちらから進んでウルシの露を受け、「おはようございす」と挨拶したり、なだめすかし、手加減を乞うところなどをみると、そう思わざるを得ないのです。

天草半島上島のいちばん北にある有明町大浦は、昭和五十八年、旅の途中で立ち寄ったところで、ここでは浜崎ちさ子さん（大正九年生れ）が、御主人栄三さんと共にあたたかくもてなして二晩も泊めてくれました。このあたりウルシはなくてハジ（ハゼ）負けになるのですが、やっぱりそれには生米を噛んでつける。

「ちっとばかりした時には親が噛んでつけてくれる。けれどもひどい時は擂鉢ですって、出たところ、体中みなにもつける。学校でもみなよくつけてきた、私も一度つけたことある」

ちさ子さんとこんな話をしていたら、御主人の栄三さんが話をひき取って続けてくれました。

「小学四年ごろ、友だちが顔中塗って真っ白にし、眼ばっかり光らして来た。自分を陰によんで、『他の人には見せないばってん、お前にばかり』といって陰部を見せた。チンボの先までつけてあり、袋やら、恐ろしく大きく腫れ上っていた」

次は、わざと噛むのではないが、小正月のまゆ玉を作る時、二月八日の「八日団子」、大師こうの団子を作った時、こねた手を戸口の板戸の上に押しつけることです。もちろん外側のことで、私も旅先で一、二度目にしたように思う。毎年なので、はっきりした形ではなかったが、木目の浮き立つ中に白っぽく色がはげたようにかすれ色がすりつけられているのだった。

静岡の御前崎に近い小笠町(現・菊川市)高橋原や相良町須々木では、大師こうの日にはぼた餅をつくのです。その餅をついたすりこぎで、戸口にかなり大きい「大」の字を描くのでした。オオトの上といい、ハイリットにといい、どこの家のも「大」が読めた。毎年だから跡がついてる(須々木・名波昭一さん・昭和八年生れ)といいますし、高橋原のまさえさん(昭和五年生れ)は「毎年同じところに描くので、餅がかわばって(こわばって)残る」といっていました。

「大」は生れ子の額にも墨や紅で描かれました。火墨(鍋墨)を塗るところもあり、そうしたところでは、これも除けごとの形、+を記すところがあるから、大戸口の大も、文字が出来るまでは、人々のものになるまではということですが、×などだったかも知れません。

米を噛んで瘤やウルシ負けに貼ること、また、家の入口にすりつけること、どちらも米の威力にあやかろうとするものか、それとも色の白にあったのでしょうか。

シトギ

今一つ、わけがわからないのがシトギです。

シトギとは、米をうるかして（水につけて）、それからすったり、搗いたりして粉にし、握ったり、団子に丸めたりしたもので、神まいりに供えられます。

これのなにが怪体といって、生のままなのです。私たち生きてある人間は、決して生でなどは口に入れないものです。シトギばかりでもなく、火を加えることには妙に神経質で、その証拠が目に見える、あたたかいものを人に供するというのなどにも、それが現れているでしょうか。野菜だって、生野菜を食べ出したのは、ここにきてだという年寄も多いはずです。

それが生なのです。シトギは、私たちはもう知りません。どんな形で作られ、どんな風に使われるのか、じっさいにやった人たちに聞くことにします。例によって北から。

山形の日本海傍の八幡町（現・酒田市）市条で、明治四十年生れの婦人が話してくれます。

「さつき（田植）終りに虫送りがある。その時神社で米をうるかし、臼で搗き、丸めて神さまに供える。参詣の人に一つずつくれ、家に帰ってみなで食べる。生で。うまくなかった。しとね作るのは年に一回、この時だけ、子どもたち『しとねくっちゃ（呉れろ）』といってもらう」

村の神社は普通は人が居らず、村人が集まって行事をするのです。

新潟の北端、山北町笹川（現・村上市）では名前はカラコになる。昭和四十八年に本間俊治さん（明治二十四年生れ）にうかがったのは、

「うる米をうるかし、臼と立て杵（片手杵）で搗く。毎月十五日が水神さまで、この時供える。神さまには生で。彼岸など、仏様には煮たもの」

朝日村（現・村上市）三面で明治三十三年生れの婦人、

「蚕《かいこ》、四回休む。その度ごとに栃の葉にマユ形の団子を生で供える。後で焼いて食べる。一晩も前に米をうるかし、三十分ほどで上げて水を切り臼で搗《つ》く」

新発田市上荒沢で話すのは高橋うめのさん（明治三十一年生れ）、

「生れ子、五十一日まで外へ出すもんでない。この日カラコはたいて宮まいりする。子を負う伴《とも》を連れて、私の場合は姑とだった」

栃尾市中の目黒義徳さん（大正五年生れ）によると、それ用の臼もこしらえておいたというから、

ごく日常的なもののようです。

「カラコ臼とて小型で中くびれのを作っておいた。これに手杵（片手杵）で搗く。ない人は普通の臼で」

栃木県鹿沼市草久《くさぎゅう》の上沢八十男さんも大正四年生れだが、「オシトギは手で握る。指の跡がついている。手習の神さまだといって、方々の神に二つずつ上げたのを覚えている」とのことだった。子どもが下げて食べる。

長野県戸隠村志垣でうかがった岡本ますのさん（明治三十五年生れ）も、子の宮まいりです。

「親類の子など子守頼んでおぶって、母付いて行く。カラコと徳利に入れた酒持ち行き、宮の両側の家で酒のんでもらい、カラコも置く。その家では、男なら墨で、女は紅で額にちょっとつけてくれる。付いて来た子たちにカラコ分け与える」

県南の奈川村金原では、生れ子三十日にノリ（シトギ）作って宮まいりに行くといいます。

静岡市井川ではオゼンという呼び名、会話の中では「はたきおぜん」というから、その呼び方でも通っているのらしい。ここでは屋根ふきにはたきオゼンくれる。子ども口ぬぐい、手ぬぐい、二度もらったりする。箸で取り分けてくれる。正月十四日にも、マエダマといってはたきオゼン供えると、これは荒尾英太郎さんの話でした。

ブライモチの変った名前は、岐阜県坂内村（現・揖斐郡揖斐川町）川上の杉坂保雄さん（昭和四年生れ）、

「建前に作る。米粉を丸めて笹の葉に包み、屋棟からまく」

笹に包むといっても、二折にするだけだそうです。

建前にまくというのは、熊本県旭志村（現・菊池市）湯舟もそうでした。米粉のシトーギを藁苞に入れて投げるそうです。

シラモチと呼ぶのは三重県美杉村（現・津市美杉町）上多気、「山の神に供える。挽臼でひいて」といい、京都府伊根町河来見でも名はシロモチ、赤ん坊の宮参り用です。

「シロモチを、ナンテンの上にのせて大きなの一つ供える。播鉢ですって作る。甘酒も作り、その上澄みの方を供える。おこわも持参し、途中出合った人たちにもらってもらう」

天草の有明町大浦でもカンマイリ（子の宮まいり）にはシトギを作って行くとのことでした。

最後は南西諸島。

奄美大島の大和村（鹿児島県大島郡大和村）思勝で一晩厄介になった栄章年さんの説明してくれるのは、回数がずいぶん多い。神月が一月、五月、九月とあって、山の神は神月の各々十六日、正月二日のセェイク（細工）の神などにアズン（片手杵）で搗いて作る。九月九日は村祭りで、神社に

まいって一つずつ大きなシュウギ（シトギ）をもらい、家に帰って神棚に供え、家族で少しずつわけて食べる。生で食べる、まずくて多くは食べられぬという。

与論島城ではシチュギは盆、正月、年祝に作る。

沖縄の与那城村の辺《へん》や西原ではミンスクで、七月と正月十六日、彼岸（二回）に作るといいます。

さて、味の方はどうだったでしょう。

奄美大島の栄章年さんのように「まずくて多くは食べられぬ」というのも少し大袈裟のように思われるが、いずれ誰もがこのように口に合い難いものだったことをいうものです。子どもは、うまい、まずいよりは食えるかどうかが問題であって、こんなものでも口の喜びとはしたのですが、その彼等にしてからに、生で食べるシトギは満足いくものではなかった、それどころか食べ物の中では最下等のものだった。

そうはっきりいうのは、こんなこともあるからです。

子どもの遊びで、鬼になってやめるのがいます。仲間どうし、こんなことはしないのが暗黙のルールですが、力尽きた時などにやむなく投げ出すのがいて、その時は残った者から、手厳しい侮蔑の文句が浴びせられる。「鬼でやめる者は便所のおつき番」「○○さんが鬼でしーまえた、いきゃ尻《ひゆう》の痒かっつぉ」などの類なのですが、これに長野県北安曇の子たちはいいました。

「鬼でぬけるは　生団子」

団子なら大人も最上の喜びとするもの、それが生となればその価値いっぺんで最下位までひき下げられてしまうのです。

シトギは人間のために作られたのではない。生きてある自分たち用ではなくて、もう一つの世界の住人にあてたものだったとは考えられないだろうか。

米を食べる人

私が行事について尋ね歩いた昭和五、六十年頃、年寄が何人か集まると、きっと大発見のように口を揃えていうものでした。今の病院で産する人たちの献立のことです。「産んだその日から粥でなく飯を食べさせるのだよ」というのであり、「生の野菜もてんぷらも、びっくりすることにカツがついていた」というのであり、なにを食べても体に障る訳ではないらしいとなり、あの時こそが栄養つけなければならなかったのだ、それに反して俺たちの時は……。となるのでした。

前の時代の産婦の状態は無惨なものでした。産の床からして、藁を敷き、藁枕とはいうものの、横になることも許されず、藁や俵物に寄りかかって、足も伸ばさず、膝をたたんでいるものとされました。そして食べ物です。お菜には塩と味噌漬ぐらいしかもらえませんでした。

福島塙町（福島県東白川郡）でも、藁しび（はかま）敷いて巣こしらえる、藁しび上にはボロ、藁二十一ぱ置き、一わずつ取り除くのでしたが、お菜は焼塩ばっかりだった。なには毒、かには毒というのでそれできかない（きつい）嫁「食い物は毒でも仕事の毒だちありゃせんか」といったと、スミさんは笑って聞かせました。

ところがこんな産人にも、必ず食べさせるものがありました。米です。

是川遺跡のある青森県八戸市是川で古戸さよさん（明治四十年生れ）に話を聞きました。

「二十一日間、味噌漬大根一切れ焼いたの、用意のいい家では大根味噌に入れておく。自分は子のないおばに貰われて大事にされたけれど、この有さまだった。朝暗いうち、朝食、十時、昼、三時、夕方、夜食と日に六、七回食う。二週間ほど。米飯に湯かけたりして食う」

普段でも血の気のない顔をしているのを「サントづらだ」という。

岩手県宮古市小角柄は、重茂半島の一集落です。ここでも回数の多いことは同じで、朝ながり、朝、こびり、昼、夕、夜《よ》うながと、三十日間米のめしだったといいます。それで男はサントが米のめし食べるといってうらやましがる。

昭和五十八年に逢った千葉県大原町岩船の白井トラさん（大正三年生れ）は大柄な方で、一緒にいたお仲間が面倒がってみんな逃げ出すなかに、いっとき相手方を務めてくれたのです。

「五つの（五幅の布）布団を四つ折したのにつっ伏している。脚はたたんだまま、脚伸ばしたらち、がっけ（血の病？）になるとかいって寝せられない。以前は藁二十一わに寄りかかり、毎日一わずつとったという。ボッタという厚いボロ敷いて生む。二十一日は米のめし。味噌漬と焼塩で」

お産祝も米、また粉とか餅が多かったのです。

長野県信濃町二之倉で、内山いしさん（明治十九年生れ）が話してくれます。

「オビヤ見舞に親類は米の粉二升にかつぶし一本、麸持って来る。石臼で挽いて。オビヤットにはボタといって、湯に粉入れて掻いたもの、茶碗に盛ってくれる。味噌漬、焼味噌などかつて食べる」

静岡市の奥の村、奥仙俣でりえさんも、子が生れたと聞けば直ぐ行く。袋に米一升ほど持って。これをサンヤシナイといった。

敦賀市のあたりはコヤと呼ぶ産屋が後まで残ったところです。北の海につき出た立石半島の付け根、縄間で聞くに、今にそのコヤが残りあるそうですが、個人の所有であり、倉庫になっているとのことでした。これを話してくれた縄間の橋本さん（明治四十四年生れ）は、子生れての見舞をコヤミマイといいます。

「村中の人、米一升におかずとか餅持って来てくれる。一週間コヤにいる。コヤから帰るのはコヤアガリ。砂の上に藁、その上にむしろとゴザを敷き、力綱をつかむ。藁、生み月になったら持っておく」

浦底は、立石半島の南端部にある村です。大正三年生れのミツエさんの頃にも、まだコヤで産したといい、

「二十四わからげの二束《そく》の藁にもたれている。二日で一束《そく》に減らす。見舞に米一升とアラレ、重箱に入れて持ってくる。十五日コヤにいる。コヤから上る時にはアカメシを炊く」

「産後七日がなかえ（あいだ）は、毎日味噌汁に団子、三日ぐらいは毎食団子、あとは飯も食べる。生む前に粉挽いて用意しておく。子の生んだ時はハビ（えら）のついた魚でなく、かつおを削って食べる」

こういうのは鳥取の大山町鈑戸《だいせんちょうたたらど》のたねのさん（明治二十五年生れ）です。

屋久島にいたっても出産の場のありさまは変りなかったようです。楠川の川崎かやさん（明治三十二年生れ）が聞かしてくれて、

「藁束に背をもたせ、膝はたたんで足先に、そうめん箱に大石入れたものを置き、足伸ばさぬようにする。一週間この姿勢でいる。食べるのはどろどろした米粥と味噌汁、七日しておしめ洗う時など身体ふらふらした」

「米の粥食べる」というのは奄美大島でも同じことです。生勝で宿を与えてくれたシマ婆さん

は、「はんめぇ米といって産前に用意する。米粥は産婦だけだから別鍋で」といっていました。九州佐賀の太良町田古里の堀口すみえさんは大正十年生れとあって、自分の時はもうなかったがといって、

「ミサマシといって、ぼた餅とか握り飯とかを晩になると親せきが持ってき、晩遅くまで産婦のところに居る。「眠らんごと」といって。七十(昭和五十年現在)ぐらいまでの人やった」

これは沖縄のやり方などを思い起させるものです。こちらでは、子が生れたというと近しい者たちが集まり、唄や三味線で毎晩夜どおし騒ぐ。一番鶏が鳴いたらもう安心ということで帰っていく。

力尽くした産人は魔ものに弱い存在でした。お産そのものもそうです。「棺桶に片足突っこんだような」、「子産みは何度やっても新道」といわれるように、やってみないことにはわからない。易く産まれることも多かったのですが、逆子や、臍の緒を首に巻きつけた子などがいると、さんざん苦しんだ挙句にとんでもないことにもなりかねない。それが決して稀でなかったこと、腹に子を持ったままの女の葬り方も各地に出来ていることでもわかります。病気ならいざ知らず、たったこの一つのつまずきで、若い者がむざむざと命を落すのです。どんなにか思いを後に残すものだったでしょう。

産で死んだら血の池はまる
流れかんじょうしておくれ

などといって、この折には川の傍に旗を立てたり、半分水につけて供養する。私も二、三度それも見ています。一度は千葉の沼南町手賀で、笊に髪や化粧道具を入れ、竹に布を張って、小柄杓を添えてありました。一度は五十五年、愛知の作手町田代で、こちらは道の三辻にヤグラを組んで髪を吊るしてありました。ここでは「洗いざらし」ということでした。

幽霊はほとんどが女ばかりです。わけても子を抱いた沖縄でいうチーアンマや、子を抱かせる怪とか、若い女のあの世のものが多い。あれらはたいがい産で死んだ女房たちだったと思ってしまいます。

振り米

米を食べるのは産人、それから病人です。こちらも、命極まったと見えるものでも、なお尽くせるだけの手を尽くして、あちらの世界にひきずりこまれようとするのを、引き戻そうとするのが家族です。産人も、それがなければ尋常であるだけに、周りには防禦壁を張り巡らせ、お祓いの品である力ある米を腹に納め続けたのでしたが、突然、どんな祓いも効を奏さず、いよいよ彼等の手の内に引きずり込まれそうな病人の場合もしかりなのです。

「振米」ということばや習わしを聞かれた方は多いでしょう。昔の人がいかに米の飯を尊んだかの証に、笑話のように聞かされるものです。死に近き病人の耳もとで、竹筒に入れた米を振って、「ふたたび元気になったら米の飯を食わせるぞ」というのだそうです。そういえば、米の飯食える楽しみのためにまた生き返るとのオチまでついたりします。

私もずいぶん前に、中学生頃に聞かされたのがはじめてだったと思います。そしてその時は、話し手の教師と共におかしがって別の世界のことのように聞いたと思うのです。ですが、いつの頃からか、そんなことはあるだろうかとの思いばかりが強くなりました。ことばや事物も、物を飲み込むようにすんなり喉を入るものと、猫またぎでもないけれど、心が拒絶してしまうことがあるものですね。いまわの際に、食べる種類の話などはどっちでも知ったこっちゃあるまいというところです。

だからこの習いはなかったのかというと、そうではない。私は、筒に入れた人の話は聞いたことがありませんが、別の形でなら一度耳にした折があった。岩手県軽米町小軽米という山深い村で兼田みきさん（明治四十四年生れ）に聞かせてもらったものです。みきさんは、これより南に下った、これも山深い村で有名な、岩泉町安家《あっか》（岩手県下閉伊郡岩泉町安家）に炭焼に行っていた時、地元のお爺さんが死んだ。その家の嫁さま「米のお粥コ煮てけでも死んだづ（死んだよ）」といっていた。軽米でそれは聞かない。みきさんも珍しいこととして語ってくれたのでした。

『日本の民俗29　奈良』（第一法規）を見ると、十津川村（奈良県吉野郡十津川村）の上湯川では、人の死の悔やみや返礼の決まり文句に「米養生のかいもなく……」を用いるとある。ありそうなことなのです。

これは想像なのですけれど、文字通り、米を振りまいた、散米だったのかとも思う。赤子のまわりに不穏な空気を感じた時に米を撒き放ったように、瀕死の病人のまわりにも米をまいた。ところが、ものがものだけに拾い置いて何度でも用立てたであろう。銭に置きかえて見れば、考え易いでしょうか、その内、撒いては拾い、撒いては拾いするのが無駄のように思えて、筒中で振りまわす、まく音を真似るだけになった。「赤子に米を撒いたように」と前に申しました、災いなすものに対して抵抗力がないということでは、病人は赤子と一つなのです。赤子には火墨（鍋墨）を塗ったり、赤い衣で包んだり、お守りを背負わしたり、考えられる限りの手を尽くしましたが、その上に、金物・刃物を枕の下に、床の下に敷く。その点も病人と一つなのでした。いや、病気の折だけでなく、夢見が悪かったといって大人も敷くのです。それどころか常に手許に置いておく人もあった。

岩手県田野畑村島ノ越の鈴木ナヲノさん（明治四十年生れ）の母親は、三十三年忌がこの春（昭和五十三年当時）あったということでしたが、常に枕のねきに、さびた鉈を置いていたといいます。先端に鉤型の止めがついた鉈です。呆けかけた時だったが、敗戦になって進駐軍が来るといったのに、その鉈を腰にさして「切る」と騒いだとのことでした。

じっさいに、子がものに驚いて泣くような時、刃物であたりを薙ぎ払ったりもするもの。尾鷲市三木浦のツギエさん（明治三十八年生れ）は、今でもやるといってこう話してくれました。

「赤ん坊の布団の下に小さい包丁などを敷いておく。赤子ばかりでなく、病気の折にも敷かせる。寝苦しい時など、包丁であたりを切る」

奄美諸島最南端、与論島の山口美津枝さんは、これも宿を与えてくれた方です。この人のお母さんは昭和二十三年に七十幾つかで死んでいます。父親は内地に出ている時で看取れなかったので、母親はなんとしても助けようと看病をした。死に近く電灯が大きく揺れた。こういう時こそマーブイ（魂）取りが来ているのだといって、戸を閉めきってあったものの、節穴のところなどで、鋏をがちがちいわせながら「切ってやるぞー」といった。寝ていた姉さんも寝ながらのこぎりを持って「切ってやるぞ」と挽くさまをした。

そうそう、米を撒くというなら、アイヌの例がなお適切だったでしょうか。こちらではイケマという草の根を身につけてお守りにし、部屋にも備えおくものですが、人の死の折はもちろん、うわごとをいう病人のまわりなどに、噛み砕いたものを吐き撒く。旭川の近文コタンの杉村京子さんは、危篤の姉の布団の下にもぐりイケマを入れておいたが、うわごとに死んだ前夫の名前を呼ぶので、敷いた一つをとって噛り、部屋の隅々、ベットの下など「姉を引っ張らないで下さい、今姉は一人なのですから」といって、プップッ吐きまいた。姉さんの娘さんはその習いをもう知らなかったらしい。突然のこのさまに「気が狂ったのかと思った」とのことでした。普段も怪しいことに逢ったり、髪が逆立つほどいやな気分になった時噛んで吐く。

この人たちには、病人と、それを損なおうとしのび寄るうとましいもの、いってみれば疫病神、死神の姿が見えたのでしょう。

私たちにはそれが見えなくなったので、病人一人があちらの役も引き受けることになり、米は食品としか考えられない人たちから、先のような落し話めいた理由もつけられることになった。

もしこれが米でなく、金物やイケマだったら、こういうはなしも出来なかったわけです。

米を食べる日

現在《いま》の食べ物の潤沢なること、まず世の中の変りようの筆頭にあげられる。年寄は目をむき、いくら驚いても、その自分の驚きにもついて行けない流れの速さの中に、いささか不安の面持も加えて語るのです。そしてつけ加える、

「前は米を食べるのは正月と盆だけだった」

私もはじめは冗談とばかりに思いました。少なくとも、話を面白くするために、冗談めかして大袈裟に話すのだろうと半分笑って聞いていました。ですが何人からも同じことを聞くうちにおかしい気持になる。

屋久島にはベッタイメシと呼ぶ芋飯があります。さつま芋と米を一つ入れて煮、メシゲ（飯べら）で練って食べるのです。おばあさんたちの説明では、いずれも米が少しでも入る、たいてい、湯呑茶碗一つでも入れるというような話でしたが、以前はその米は入らなかった。尾の間の岩川正吉

さん（明治二十一年生れ）が、昭和六十二年に話してくれたのもそれです。

「そいも（さつま芋）皮むいて切ってはがまで煮、ごげ（飯べら）でねって食べる。米は入れない。四十年前までは芋ばかりで、米は正月、盆、九月九日ぐらいしか食べなかった。朝晩このベッタイメシをし、昼は丸のまま煮たもの、丸の方がおいしい。田んぼは五せあって年間二俵とれたが、病身の父に食べさせて他は食べなかった。九月九日は、この日腹が空いていると、年中空くといって「九日ほうれいせい」といって腹いっぱい食べる」

なにもこの島ばかりではないのです。北の地なども米じたいが少なかった。青森県八戸市是川の古戸さよさん（明治四十年生れ）もいっていたものです。

「自分の子どもの時は稗・粟だけの飯だった。その後、稗一升に米を茶碗一つぐらい入れたのが常食になる。人頼んだ時は米一升に粟三合入れる。米飯は正月一週間、産婦ぐらい。他に祭りや節句には赤飯」

岩手の軽米町増子内の奥フジさん（明治三十二年生れ）が、その混ぜる米が少なかったのを「まばらで星コみたい」といったのも思い出します。米が入ったのよりは稗ばっかりの飯を食べたと。ぜんぜん水田がなかったという普代村（岩手県下閉伊郡普代村）黒崎のような村も、あっても二、三反、それにも主に稗を植えた、米があるのは一戸か二戸かという普代村白井の例など、もともとが米がなかったことも多いのですが、米が出来るところでも、まず稗を食った。米は金にするのにいちばん簡単、籾で取っておいたと語る遠野市（岩手県）土淵の石田丸吉さん（明治四十一年生れ）の例などもあるのです。

その稗もなかったというのは、国の中ほどの岐阜県根尾村下大須（現・本巣市根尾下大須）の上杉由松さん（明治三十一年生れ）のいうことです。ここは県西部の山深い村で、中でもいちばん奥近くまで入り込んだところでしたが、私はここで柴田広吉さんのお宅で宿をもらって、お陰で上松さんの話も聞くことができたのです。

上松さんは「子どもの頃は栃が主食」といって私を驚かしたのです。十五、六になってから稗に代った。

「稗叺《かます》積んどけばお大尽、六斗入り二十俵もとる家ある。稗は山畑（焼畑）に作るが、その山畑も力のある家でないとようやらん、貧乏な家は自然のものに頼ることにもなる」

その栃は少ない人で十俵、多い人は十八俵も拾うといいますから、半年これで食い継ぐとして月平均二、三俵あてになる。「主食」というのはこうした量からでもわかります。田んぼは、集落三十五軒ほどのうち、上松さんの子どもの頃は三軒だけだった。それも五せ、七せと少しばっかりだったそうですが、それでもお大尽といわれた。山焼も力がないとやりきれないとのとおり、米がいいものだとはわかっていても、食うに追われて田作りも出来なかったのです。

そして上松さんも、

「米を食べるのは、正月と盆だけ」

といったのでした。

これらは例外なのではありません。

大井川の最上流の村、静岡市井川では、煤掃きの終った後、ススガイといって米の粥を食べます。煤掃きも一種のお祓いだったらしく、この日になにがしかの常と変った食物を用意するのはたいていのところで、それは珍しいというのではないのですが、これを話してくれた井川英太郎さんは、ススガイを食べるについてこう推理したものでした。

「米は節句と病気に食べるぐらいだったから、煤掃きも特別の日の意味だったのだろう」

三重県の志摩に近い南勢町押渕（現・三重県度会郡南伊勢町押渕）でも、白い御飯を食べるのは正月と盆ぐらい、あと六月二十一日のお稲荷さん、観音さま、愛宕《あたご》さまには団子をすると語っていたし、奈良県御杖村敷数でも金子正子さん（明治四十一年生れ）が、

「正月三が日と盆の十五日だけ白飯、あとはかて入る」

といっていました。

九州、熊本県相良村初神でも、普段は麦などのかてが入り、米だけの飯は、盆、正月のみとのことでした。話し手の松本勇さん（明治三十一年生れ）の場合は、粟三十俵、米五十〜六十俵（籾で三斗入り）、ソバ三俵、豆四、五俵ぐらい作ったといいます。それでなお右のさまでした。出来る米の量の少ない対馬の場合など当然で、

対馬米のめしゃ　お正月か盆か
親の年忌か　おまつりか

これは島の人たちがうたうもので、島南端部の小茂田で教わりました。

もっと南の奄美大島でも、これは例外ではありません。

名瀬市根瀬部《ねせぶ》（現・鹿児島県奄美市名瀬根瀬部）では、明治二十三年生れのアイマツさんは米の飯を食べる日を教えてくれて、

三月節句　女だけ飯
五月節句　男だけ飯

盆　　　仏だけ飯
正月　　みんな
四月初午　麦飯（米と半々ぐらい）、この日は腹いっぱい食べる。

根瀬部から南に下った大和村（大島郡大和村）名音《なおん》でもいいます。

「四、五月まで芋食べ、その後出来るまでの三、四か月は三食ともソテツしん（澱粉）の粥、昔百八十戸ほどあった部落で田んぼは五町歩。一反持ってる家は二、三軒、分家するので一畝《ひとせ》とか、何坪とか小さくなる。米飯は三月、五月節句、盆、正月だけ」

どうして少ない米をやりくりしてでも、正月と盆には食べたのでしょうか。なかには、この日は腹いっぱい食べるものだという日もあり、半強制的に無理じいしたりもするのでした。米を食べるべきは、赤子を生んだ際の力弱い産人であり、死に近き病人であり、また死人のまわりに集まる人々だった。いずれも危険な立場にいる人たちで、強大な米のまよけの力を借りる必要があったのです。米を食べる日、正月と盆は厄よけの日だったということができないですか。

昔はもっと頻繁に祓いごと、除けごとの行事が行われていたのだろうと思います。毎月、毎日も人々はこれに精力を傾けた。よくないことはなんでもこうしたモノや神によって起るのだったたから、彼等に寄りつかれさえしなければ、一日は無事過ぎることができるというわけです。それが、彼等の脅威がなくなったか、それとも、人間の方に余裕ができたのか、それともまた力をつけさえすれば、相手もそれほど怖れなくともよくなるというわけで、毎日から、月ごとになり、月ごとから年ごと、正月、盆に代表されることになった。

一日、十五日

このようにいうのは、毎月の一日、十五日にささやかなまつりが行われているからです。どんなものだったか、これもじっさいに手がけた年寄から聞いてみることにしたい。

「毎月一日、十五日、二十八日には小豆めし炊く。かたい家ではそうした」

岩手県釜石市唐丹でいうことです。「小豆めし」はおこわとは違って、うるちの御飯に小豆を入れてたいたもの、なにかといって炊く赤い飯というのは、たいていこれでした。

同じ町尾崎では、

「一日、十五日ごとに餅搗く。五升ぶかす（蒸し）で、あんこ餅」

といいます。

山形の白鷹町では、毎月一日、十五日、二十八日には魚を食べるといい、最南端の小国町大石沢のみささんは、一日、十五日は格別まつりはしなかったが、この日は洗濯するなといわれていた。

一日、十五日に小豆粥するというのは、栃木県粟野町日渡路《ひどろ》（鹿沼市口粟野）の人たち、隣葛生町柿平ではさださん（明治二十九年生れ）が、

「赤い御飯炊く」

と教えました。

同じ町牧の北岡フジさんの家では、毎月必ずチャノコを作った。米粉で丸めたのをひしゃげて（平にして）小豆をまぶす。小豆はよくとれたし、よく食べた。一升も煮るとのことでした。

同じ部落できよのさんは、一日、十五日は神まつりする。家中の神々にサカキ（ヒサカキ）を上げる。

伊豆半島の西伊豆町禰宜畑のあたりは早くになくなったのでしょうか。ここの一人のおばあさんは、隣松崎の妹の嫁いだ家は古いこと守る。毎月一日と十五日にはお日様拝していたと聞かせました。

静岡市奥仙俣のサクさんは、毎月欠かさずやったと告げ、一日と十五日にサカキ飾り、御神酒、灯明上げる、米の飯たいて供え、家族も食べる。そう多くではないので、一杯ずつ位だとのことで

した。

酒とロウソク供えるというのも岐阜県板取村上ヶ瀬（現・関市板取）のこめさん、同県富加村（現・岐阜県加茂郡富加町）栃洞で千枝さんは、毎月一日、十五日はあそび日、嫁が遊べる日だといい、白飯を炊いた。

三重県紀和町平谷（現・熊野市紀和町平谷）の西岡正男さんは、一晩宿を恵んでくれた人です。「毎月の一日、十五日は飯たき（普段は粥）、休み日で、親のところ膳仕立てて持っていった。『明日はお日待ちじゃぞー』とおめいてまわった」

このあたりは家もまばらだし、ことに西岡さんの家は山陰に離れてあるようなものだったから、時を知らせるのにハンや寺の鐘をならしたように、日を逃さない念押をしたのでしょう。

毎月一日だけだが小豆めしをするというのが京都府三和町台頭や兵庫県青垣町大稗など。鳥取県赤碕町（現・鳥取県東伯郡琴浦町赤碕）高岡では、毎月一日になすび漬を食べるといいます。茄子もなにかいわれがあるらしく、戸口に掲げられたり、正月の食べ物にされたり、節分に柄がたかれたりしているのです。

茄子漬を食べることは中山町下市でもいい、毎月一日にそれを食べ、十五日には、八幡さんでお日待ちをする。午後から、交替で作った料理を食べ、飲み食いする。二十八日はこうじんさんといって小豆飯をする。年寄の人たちは一日、十五日はしょうくみ（潮汲み）して家内を祓い、国石神社におまいりして、そこでも祓うといいます。

同県南端の日南町大菅では、

「毎月一日、十五日には宮まいりする。たいてい一日には餅をつく」

島根県柿木村菅原では、

「一日、十五日、二十八日は神さん、仏さんまいる」

山口県長門市通だと、

「一日、十五日に神棚に御神酒供える。昔はそのための酒一合ずつ買いに行った」

それに一日に女が来たりするのを嫌がるそうです。「とっぱちから女が来たらけたくそが悪い」といって。これは各地で正月にいうことですね。

熊本県五木村大谷では、村（八戸）でまつっている不動様に、皆まいり、おはち（米）と焼酎を上げ、家のおかまさまにも同じく供えるそうだし、天草の河浦町中村宮野河内では、毎月一日と十五日には飯をてしを（小皿）に盛って神々に供えるといいます。

奄美大島の大和村名音では、一日、十五日には墓まいりし、必ず山からカタシギ（椿）をとって来て供え、沖縄の大宣味村田嘉里の秀さんも、一日、十五日はおぶく（飯）炊く、普段は朝昼芋、夜だけ雑炊だったといっていました。
　このようにまつりは繁く行われた。月ごとどころか日ごとにも行われたろうとも前に述べたが、それもありそうなことなのです。ことにも十二月には行事のある日が多いらしくて、前に岩手の岩泉町小本の小成チヨさんに当地の十二月のまつり日を教えてもらったことがありました。

十二月五日　おえべっさま
　　九日　お大黒さま　　きみ団子、大根供える
　　十日　いなりさま　　豆シトギ供える
　十一日　お船だまさま
　十二日　山の神さま
　十五日　八幡さま
　十六日　お農がみさま
　十七日　おぼすな、小本権現さま
　十八日　四脚、牛馬のまつり
　二十日　寺の煤はき

それぞれちょっとした御馳走、団子などを作って供えるのだとのことでした。

こうして一月一日の正月からはじまって、祓いごとに奔走したのでしょう。わけても、川の流れにせきを設けるように、特別強固なせきを構えた。正月、盆などはその一つであり、三月節句、五月節句、九月節句などはそれでしょう。

おひねり

「おひねり」というのも、わけのわからないものです。今までの例にも幾つか出てきました。紙に米などを包んでひねりをくれ、撒いたり、供えられたりするものです。

この風、東北には少なくて、西でばかり耳にすることが多いようですが、正月などはことにこれのオンパレード、なにをするにもおひねりが登場します。

まず正月用の焚木、門松を伐る時からはじまり、三宝に幾つも作ってのせおかれ、はじめて行く二階にも、便所にも若水を汲む水神にも供えられ、神棚のあちこち、鏡餅の上までものせられ、年始に行くにも持ち行かれ、手桶や鍬など、はてはたんす、お櫃《ひつ》、自在鉤にもつけられるのだった。しめ縄にしばりつけるところもあります。

そして二日などの初山に木を伐って来るのにも供え、十一日の作りぞめと称して田畑を二、三株掘り起す時にも、おひねりを供えて拝む。

しめ縄のおさご

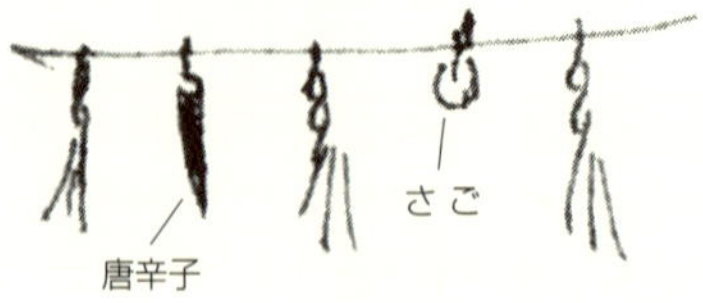

（館山市坂田）

変ったところでは、米の他に豆も加わることなどでしょうか。日本海側の平田市畑浦（現・島根県出雲市平田町）や唯浦ではトビと呼んで、米と豆を入れ、元旦の神まいりに持って行くし、丹後半島の京都府伊根町河来見では名前は同じトビ、紙小さく切ったものに、黒豆一つずつ包み、元日朝宮さん参って、そこによけい神さんある、その一つ一つに供えてまいる。これらも三宝にのせておいたものだそうです。

豆を入れるのは鳥取県江府町などでも聞かれ、岡山県阿波《あば》村（現・津山市阿波）中土居では、紙に米と豆を包んでひねったのをミイリといい、元日のキリゾメには、また成り木（柿など）や、家のタンスなどにもしばりつけたとのことでした。

忙中閑談。豆のことは前にもちょっと触れましたけれど、避邪の性あること、節分の豆を思っただけでも充分でしょう。小豆も豆も祓いごとの折に顔を出すこと常連です。米以前にはその役を務める有力者であったことが想像されます。

みち草ついでに、手桶や、道具類、箪笥にまで副わせるというのは、昔の絵などに見る、しめ縄を張り渡してある姿に重なり映ります。それこそ臼にも鍋にも、柄杓、手桶にもで、なんとも大袈裟なことと思ったものです。

その年縄（しめ縄）と同じ意味で使ったのかどうかはわからないのですが、壱岐、君ヶ浦では、紙に米と昆布入れてひねったもの、神仏から箪笥、机、臼、若水の杓など、あらゆるものに供えたそうですが、これをトシノウと呼んだそうです。トシノウはこちらで年縄（しめ縄）のことです。

本題にもどります。

紙に包んだおひねりのいわれはなんであったのか。さして深い意味合いはなかったように思います。なぜかといって、おひねりを使わない場合は、ただ米などを振り撒いていたことからもわかるのです。

たとえば、門松用の松を伐る時とかなど、さかんにおひねりが用意されましたが、岩手の普代村黒崎では、松や、また小正月のミズキを伐る時、ただオサゴ（洗わない普通の米）をまいてから伐りますし、長野の七二会《なにあい》（長野市）や中条町三ヶ野では、一背負の松を伐ってきた後に米を一掴み撒くところも、米と塩をまく人もおります。長野の小川村小根山でなどは、一升マスに米を入れて出、それを撒いた。

山入りやクワイレ（鍬入れ）に、栃木では酒・煮干・昆布などと共に米を撒きましたし、静岡県渥美町伊良湖では、十一日をサクイレといって、土をさくって、酒・米をまいて拝みました。御前崎新谷では、この日はタンブチコウというのですが、カヤ穂に松・幣をつけて米撒いて、あんも（餡餅）を供えました。

若水汲みなどは、供える場所が井の中とあっておひねりはすっかり影をひそめ、米をばらばらに撒いて水を汲むのです。この時も米の他に里芋や大豆が加えられることもありました。

沖縄勝連村比嘉でも、んぶいがー（初湯を使った川）から水を汲むにハナコミ（洗米）放ってから汲み、ちら（顔）を洗うのでした。

ただ米をばら撒くのと、紙に包んでそこに置くのとは、形に違いがあるだけで、主旨に変わりはなかったのだと思います。もちろんどちらが古い形かといったら紙など使わない形だったでしょう。

誰にでも紙が容易に入手できるようになったのは、思いもよらぬ後世なのだと思います。紙の発明そのものが新しいのだから、わかりきったことでしょうが、正月にはうんと紙を使う、そのための紙売りも来たし、お年玉に紙をもらうところもあるのでした。いくら小判の紙とはいえ、心おきなくそれが使える地方と、それでさえも不如意な地方とがあったのではないでしょうか。

紙もまよけ

紙を使うのは意味のないこと、無駄なことだったといい切るには、しかし、ためらいが生じます。なぜといって、紙じたいにもまよけの働きがあったらしいからです。前の「白」の項でも申しました。死人も、これを送る人も、白い衣で身を覆い、顔も白く塗り、白い麻や、布にとりつき、白旗をひるがえして白の一区を現し出しました。その除けごとに力あるらしい「白」の一端としてです。

幣はオハライサンとも呼ばれているように、祓い清める、まよけの「箒」のさまにあるのでしょう。私たちが神社にまいれば、神主さんは頭上から幣を握って祓いくれます。この幣に、ただ一枚の紙を三角に折ったり、四角に折ったりして、竹の串を割りかけたものにはさんだものがあります。たいていは細かい刻みを入れたり、ひらひら風にも舞うようになっていますが、あれはよく目につくために強調したものでしょう。もちろん紙の入手以前は白い肌の木を削りかけたりしていたと見られます。

小祠の幣

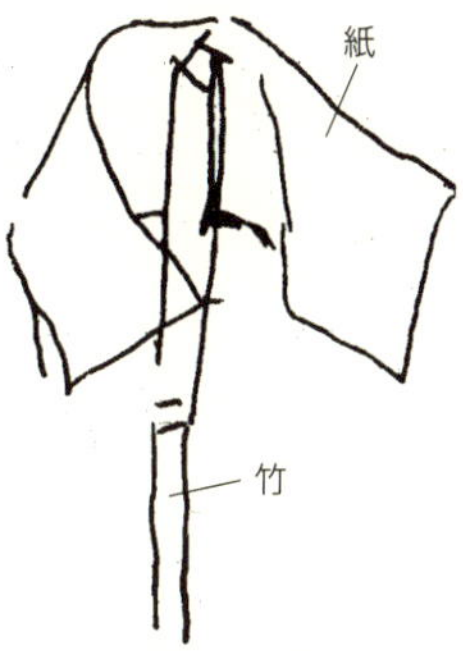

(伊豆新島若郷)

ウラジロ

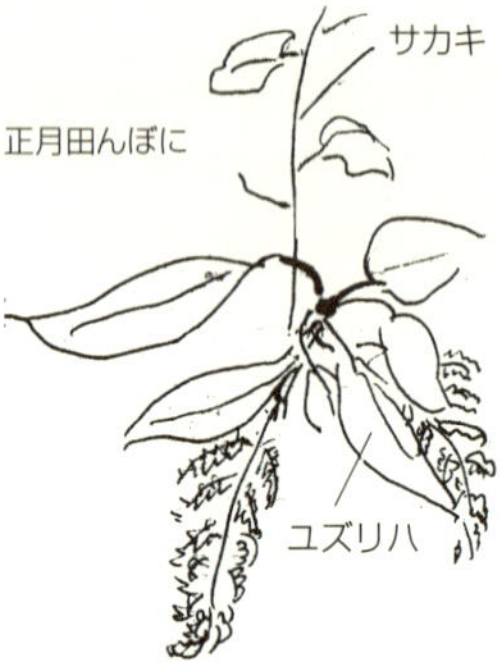

（奈良県十津川村永井）

正月にも妙に白紙が使われます。お鏡の下には紙が敷かれる。三宝にもその通りです。三宝には、京都府伊根町高梨や、九州地ノ島白浜では米を八合ぐらいのせるのですが、その米の下にも白紙を敷いたといいます。

それに西の方ではウラジロが敷かれます。ウラジロは文字どおり裏の珍しく白いシダで、使うのはその白の面です。これもはからずも、紙の入手以前の形を告げているものでしょう。

白いといえば、餅も白い。それに鏡餅を重ねるのはなぜだろう。餅ばかりでもなく、仏壇に供えられる彼岸や盆の団子の、三角形に盛り上げるのも不思議ですね。どこかの強飯《ごうはん》修会の椀に盛り上げた円錐形の飯のように、高く、可能なかぎり高く盛り上げたがっているようです。これも白を強調するためだったかも知れないのです。

紙もそうですが、餅がこしらえられた時、こんなに白いものはまたとないと驚嘆されたことでしょう。餅も紙も当時はもっと黒かったろうといわれるかも知れませんが、それでもなおです。それまでは、白いといったらウラジロの白さぐらいだったのですから、布も蚕の糸が使えるようになるまではそんなに白かったとは思えません。
昔話に、たしか餅に羽根が生えて鶴になって飛んでいくような話があったと思います。鶴にたとえられるほど白かったのでしょう。鶴は千年などと瑞祥《ずいしょう》のしるしにされるけれど、鳥の中ではあんなに立派な白い衣に包まれたのはこれぐらいで、多分これも白いところが尊ばれたのでしょう。
子どもたちも、正月の飯の白さをうたいます。

正月正月　なにうれし
わり木よりおっきな　とと添えて
雪より白い　まま食べて
ぬーくいこたつで　ねんねこしょ
（滋賀県信楽町小川）

正月つぁんは　ええもんじゃ
あーかいべべ着て　たびはいて

下駄の歯のような　もち食べて
雪よなしーろい　まま食べて
遊ぼうかなー　遊ぼうかなー

（三重県四日市水沢）

「おひねり」からは、すべて紙を取り払っても趣旨に変りはあるまいと思う反面、紙にもその任の一端を負ってもらっていたのだろうかと、白い紙の働きを思ったりするのです。

餅

この辺で餅のことにも触れないわけにはいかないようです。
餅はよく搗かれました。前に「一日、十五日」の項で毎月餅を搗くといったのも、覚えていらっしゃいますか。これも決して誇張ではなかったこと、私は以前に島根県平田市塩津で餅を搗く日を教えてもらったことがありました。

一月　正月
二月　二番正月
三月　せっき
四月一日
五月　せっき

六月一日
七月　　盆
八月　　彼岸
九月一日
十月一日
十一月　祭り
十二月　顔直し

これも一日が多いところを見れば、一日、十五日の変形だったでしょうか。

それはともかく、こんなにしてなにかというと餅はつかれたのです。愛知県額田町石原（現・岡崎市石原町）では、神仏に供える餅の尊さを「百品飾るより功徳」と聞かしてくれたおばあさんもおりました。

なぜ餅は搗かれるのですか、一年の節々に、年のはじめの正月になぜ餅は搗かれるのですか。

餅は祝に搗かれる。正月もめでたいものだから搗くのだろうといわれるのですか。

でも餅は、人が死んでも搗かれるのです。今はもう、葬式に赤飯をたくのも不合理だといって、小豆を黒豆にしたり、白いささげ豆に代えたりしているのですから、臼音を響かせることも滅多になくなったと思われるのですが、葬いには広い範囲で餅は搗かれたのです。

岩手県の宮古市のあたりは、親せきが餅を持ち寄ったようです。宮古市重茂半島の笹見内で伊藤ソノさん（明治二十五年生れ）によると、近い親類は五升餅、七升餅、また三升餅を二重ねの鏡餅を「おそなえ」といって、葬列が家から出た後に壇に飾る。それが出てから間を置かずの意味でもあったらしく、手伝いの人たちなど手許に持って来ていて、棺出たと見ると出すことでもあったといいます。丸餅といい、重ね餅といい、まるで正月そっくりですね。

同市石浜では、葬式の日ばかりではない、当日、七日、四十九日、百ヶ日と餅を搗いてくるとのことでした。これより南の山田町大沢でも、葬列出たら直ぐに餅や団子を供える、葬いのある家でも作り、前の晩頃作っておくとのことでした。

新潟県でも加茂市、栃尾市、松之山町などどこでも、葬式までに用意しておくといい、牧町小川では、死ぬと米をふやかして搗き、重ね餅、仏壇三ヶ所に置く。また丸餅七つずつヤウチ（親せき）に配るそうです。

長野県大町市の松川でも、近い親類、おじ、おばなどはたいてい一臼分、四升餅を搗いて持ち行く。丸餅にして葬式の棚に積み上げて飾るといいますし、県南端の平谷村旭で千代子さんによれば、葬いの日の早朝に餅を搗き、式終った後は餅を小さく切って皿に盛って方々に置き、塩をつけて食べたそうです。

愛知県東栄町のあたりも同じです。小林で話してもらったのは、

「葬式の前の日搗く。大きな一重ねと小さいのを寺に持って行き、一枚を返してくれるので、それを枡の底でさいの目に切り、葬終った後、家に寄っている者らで塩つけて食べる。近所で葬式あった時は、一俵一斗搗いた。一斗はあとで追加したもの、ぬるま湯に包丁入れて急ぎふやかした。こうすると早い」

といっていました。

「四十九の餅」といって、葬いの前に用意し、終ったあと、枡伏せた上で鉈で切ったというのは岐阜の串原村（現・恵那市串原）や上矢作町でも同じです。枡が出てきましたけれど、これまた祓いごとの折にはしばしば持ち出されるものです。

京都府和束町五ノ瀬だと、枡ではなく、これまでも何度か登場した箕が現れます。ここの葬式では、私は列のしんがりに連なり、終りの祓いに餅が使われることもはじめて目にすることができたのでした。葬家の縁のはな（端）には、一つの箕に小さく切った餅が入れてあり、傍に味噌も添えてある。葬いから帰った人はこれを食べ、また近くには人もいて塩も振ってくれるのでした。

あとで同村の人に聞くに、これはヨツモチといって、一升で四つの鏡餅を作り、二つは墓に担いで行き、あとの二つは小さく切って箕に入れて縁に置くとのことでした。

岡山の阿波村中土居でも、親類は餅五升、葬式の当日の供えに持って行くところです。親類でない普通の人はトキマイ（米）一升持ち行きました。

以上は、葬いの前の日や当日など、さっそくに用意される例ばかり紹介しました。よくひがれて（忌があけて）それで餅を搗くのだといった地方もあり、「ひあけの餅」などと名前もつけているのですが、よく聞けば葬列の出て行って帰るまでの間につくというのですから、名前に合っているとは思いません。「四十九の餅」など、四十九日を迎えてから搗くのを略して葬式当日に行うのだなどと言訳がされますが、餅が搗かれることには変わりがないのです。これも、餅はめでたい時に搗かれるものとの基準に合わせて言訳されたものでしょうか。

総じて人の死には、臼・杵が持ち出されるものです。まず、目を落したとなったら、直きに臼・杵でもってはたかれる（粉にする）、枕団子がそうですし、これはしないところがないぐらいでしょう。仏は善光寺まいりに立たれるそうで、それの弁当だというのですから、夜中でも臼音をさせて、人に死を悟らせたりしたのです。

それから米が搗かれました。これも何人でも集まって、一日中でも搗く。米も、枕団子の粉もたとえあっても搗くのだというから、なにかいわれがあるのに違いありません。

それに出棺まぎわに臼音が響き渡る。

山形の私の村などがこれでした。列を作る役割りなどが読み上げられ、棺が家から背負い出されると、庭に臼も転がし出され、ほんの一握りの米をはたきにかかる。棺は、この臼の音に送られて家を出るのでした。

近年の葬いでは、車で運ぶことで、臼音も略されることが多くなったかも知れませんが、年寄り連中は、

「臼音ばりもさしえねばならね」

というものでした。

はっきり空臼を叩くというところもあったようで、その名前もカラウスタタキといわれたことが、同じ山形県上山市出身の、萩生田憲夫さんの書かれた本の中にあります。

臼の音はよく響いたものです。餅を搗くのもそうでしたけれど、勢余って、餅を通りこして臼それ自体を打つ時、村の一軒で餅をつけば、隣近所にはみな知れる。内緒にはできない。粉をはたく時、米を搗く時、大・小に拘わりあるだけで似たものでしょう。

天草では、節句に凧を上げる。バラモンという凧などトウ（藤）でうなりをつけるのでせからし

く（やかましく）、村にお産のあった時には、部落を離れたところに行ってあげるそうですが、それよりやかましいのは米搗きだと河浦町平野の友幸さんはいっていました。

「いちやかましおるもんな」と。この人のお産の時、少し離れたところの家に止めが行かしたとのことでした。

葬式の折の臼・杵については、こういうこともありましたね。臼を家の前に出しておくことです。臼を伏せて、その上に帰った時の祓い料、塩とか米、餅、水をのせておくところもありますし、杵も添えてあって、じっさいに家に入りしなに二、三度搗くこともする。おかしいことにこの習わしは葬儀屋さんによく守られているようで、印刷された臼の絵なら目に留めた方も多いのじゃないですか。

さて、変った餅の形では「はやり餅」というのもあります。流行《はやり》かぜなど流行ったら、餅をつくことで、その搗き音が聞えたら、ただちに餅を搗くというようにして広げていくものです。

宮城県北上町釜谷崎で今野重雄さん（明治三十五年生れ）に話してもらったのによると、

「はやり風邪など流行って来たら、はやり餅はやらがしたもの。どこの家でも餅を搗く。搗く音きいたら、直ぐ搗かねばならない。家族の数だけ小餅とり、タラバシ（さん俵）にのせて、川に流す。もち米用意なければ、うるちだけでもよい」

川に流すから、ナガスモツと呼ぶ地帯もあるのです。宮城県雄勝町（現・石巻市）船越でとよのさんがいうのはこれで、病気はやった時に餅をつき、タラバエシ（さん俵）の真中に杉枝を立て、人の数だけ小餅のせて海に流したという。

宮城の南端の山元町浅生原では、大正六年生れの三郎さんは、「はやり餅とめっど、その家で病む」などと恐ろしいことを聞かせます。藁でつづこ（苞コ）作り、人数《かず》だけ小さな餅入れ、杖さ結《ゆ》っつけて三叉路に立てて来る。晩方にすること」。

もっとおかしなこともあります。

生れ子は、紅を塗り、墨を塗り、赤衣に包まれ、銭を身につけ、米や塩で祓われたのでしたが、もう一つ臼にも入れられました。初出しの時に、またはじめて里を訪れた折に、家の母親たちは、子を臼に入れてくれました。静岡などから西の方広くにある習わしです。近所の家や里に初泊まりに行くと、まず臼に子を入れ、塩をなめさせたり、臼の上に箕をのせ、その中に立たしたり、臼の上にのせた子の頭の上に、鍋蓋をかぶせたりもするのです。

じっさいに、杵で搗いた折もあります。いいえ、赤ん坊ではありません。長島の汐見でさなさん（明治三十五年生れ）にうかがいましたけれど、はしかをこちらではイガと称して、イガにかかったら着物を脱がせて、臼に入れて杵で軽く搗き、箕でひる。これをすると「イガがとれて、からい（軽い）」

というのでした。

臼、または杵は、強い力で物を搗き潰す、その機能ゆえにモノ除け物にされているのでしょうが、またその鳴り音も問題にしなければなりません。「音」も重要なもの除《の》け物の一つでありました。私たちが物音に心騒がされるようにですね。

餅が米プラス臼の力、強力な助人の力をもって、よりモノに対して精力の強いものになったと思われます。

しき米《まい》

気にかかっていることがあります。

葬式に棺を米俵の上にのせるということです。大分の中ほど、庄内町五ヶ瀬で私は、永慶寺さんに宿をもらいました。そこで話に出たことです。

ここでは、家で経を読んだ後、庭で外葬というのをやる。この時、シキマイといってムシロを敷いた上に米俵をのせ、その上に棺をおく。「親死に二俵」ということばがあって、その米は寺のお布施になるとのことでした。

この時は昭和五十八年、熊本側から、四国愛媛に抜けるために立ち寄っただけで、翌日はもう愛媛に向かっているのです。もう少し深く尋ねればよかったのにと、今にして悔やまれます。ですが、翌日は同じところで庄野かつよさん（明治三十九年生れ）に、ウラ取りのようなことはしているのです。

名称はやっぱりシキマイ、棺の下ではないものの直ぐ傍に置く。通常一、二俵、多くて三俵だとのことでした。

シキマイということばを、私は最初の話から、当然「敷き米《まい》」ととったのでしたが、ただ横に置いただけとなると、少し心配になります。「葬式米」とでもいうのだったでしょうか。

この姿は、しかし私にもう一つの形とダブって思い起させるのです。それは正月のことで、正月の飾りつけを尋ねると、よく米俵が現れます。こんな風にです。

「正月にはトシトクジンといって、米俵に大きな松立て、しめまわす」（京都府瑞穂町）

「カンサンノアシとて、米俵二つ並べた上に板をのせ、新しく打ったむしろを敷き、膳二つ据える。後ろにカンサンゴモを掛け、それに『天照皇大宮』のお札をさす」

右は、日本海側、鳥取県中山町塩津でいうところの形ですが、同町下市で教えるのも、俵二つなるところ変らず、天照皇大宮のお札は、区長さんが配りくれ、オハライサンと呼ぶとのことでした。

隣町名和町大雀の田中ハナさん（明治三十六年生れ）の話に出て来るのはその俵なのでしょう。

「トシコシさんに置いた米俵二つ、二十日に立てる。それまで横にしていたのを縦にする。膳に、大きな椀いっぱいにナマスを盛り供え、この米あるなかえは、わが家でばかり食べて、乞食など

もの作り（ミニチュア）

（都下奥多摩町）

来てもこの米はやらない」

天草などでは、稲をこなした後、籾にして土間にこづんで（小さく積んで）いたという。それだから、わざと俵を出すのではないでしょうが、シャワギ（幸木）をつるすにしても、「庭にこづんだ俵の上」といい、ハナモチ（まえ玉）を飾るにも、「トウラ（俵）積んだのに、二、三ヶ所」、削りかけをつけるのも、「庭に積みある俵にも、箪笥にも」などと米俵のことばが聞かれます。

南ばかりではありません。

岩手県普代村黒崎でも、ミズキに団子をさしたもの、栗の枝に三角の餅をつけたもの、これらを一緒にして、座敷に俵積んだのに立て、松の木も立てる。俵は冬に食べる分積むのだといいます。

当初私には、米俵を持ち出すのは、豊かさを誇示するもののようにうつりました。それで、ただ重しのために利用されるのかなどと、聞き流したのも多くあるはずです。

けれども、葬いに米俵が持ち出されることで考えは一変します。あるだけの米を身のまわりに積んで、彼等に盾になってもらおうとしたのです。出来ることなら、こんなに細かくばらばらになるのでないならば、餅のように、銭のように、むき出しにして飾り立てたことでしょう。

じっさいに、三宝を使う国の中ほどから西では、これに米を盛ることが多いのでした。中には桶を用立てるところもあり、米二升に供え餅、丸小餅十二個、柿など入れてオクラオケと呼ぶ島根県松江市大野の例などもあります。

正月には「ものづくり」などと称して、道具類のミニチュアなどをこしらえますが、ぬかりなく米俵の積んだ形もしばり飾られるものです。これらも元々は重たい米俵が転がし出されたのかも知れません。

それに、めでたい掛軸なども場所を得ますが、わけても米俵を踏んまえた大黒さま、あの米俵も以前は絵に描かれたのではなくて、実物だったのだと思うのです。

産室の米俵

もう少し話を続けます。

そもそも子を生む部屋での米俵は怪体なものです。よりかかるためだけの用なら、なんだって差し支えないだろうに、米俵一俵といい、米俵三俵といわれるのです。

岩手県釜石市唐丹のひさえさんは明治三十三年生れです。七人の子、五人目までは産後坐っていたといいます。背と脇に叺《かます》に入った稗や麦を置き、もたれる。前に藁二十一把《ぱ》積み、毎日一把ずつとる。

宮城の歌津町泊浜の阿部シンさん（明治三十年生れ）、隣の志津川町戸倉の西条みさをさんが語ってくれます。

「藁の上は焼けるようだ。夏のサントは、喉まわりやら顔にアセボ出してたもんだ。藁とむしろはサントのつきもの、『藁はサントの薬だ』といった。麦入り叺を脇と後ろ、前に藁積み、よりかかっている。時代が後になったら寝るようになった」

「畳上げてむしろなど敷き、その上に藁敷く。藁に直接生む、藁は薬だていう。両脇、後ろに俵、叺など置く、一週間坐っている。横座りしても、臑《すね》はれたりするもんだ。十月《とつき》の苦しみより、七日の苦しみの方ひどいといった。七日たつと、す上げっとて（巣を上げるといって）藁まるってすてる」

藁の上で産することは全国的なもので、この他にも藁がお祓いに登場することは幾らもあるのですが、これも米に継がる縁でしょうか。

岐阜の坂内村や徳山村では、火の傍で産します。俵や叺は籾がらを詰めたと聞かれますが、ま

た米俵というところもあります。坂内村川上の春江さんは、

「ヒケノシリ（いろりの一番下の座）で生む。米の入った俵一俵によりかかっている。夫、夜一週間ついていて火たく」

といっていました。

餅を踏む

もう一人、餅を踏んだり、背負ったりするという、豪気な扱いを受ける者があります。生れてはじめての誕生日を迎えた者らです。いいえ、誕生日を迎えて歩まない子はいいのです。一歩でも二歩でも歩いた子には餅を背負わせ、なお歩いた子には「突き倒せ」といって餅をぶっつけ、箒やめん棒でつき倒すのです。

かくてその名前も「しりもち」、「しったたきもち」、「ぶっかえす餅」、「おっころび餅」、「立ち餅」。背負うところが多いのですが、踏む地方も多く、「立ち餅」と呼ぶ山梨の芦川村でなどは、のし板の上の餅に子を立たせ、足跡をつける、後それを切って親類・近所に配ります。

同じ「立ち餅」の名でいうのは、天草の河浦町益田のツマさん（明治三十一年生れ）が話してくれて、ここでは箕に餅を据え、同じ箕内には塩と米のおひねり、針、糸、すずり、物差などを置き、餅

を踏ませる。

箕が持ち出されるのは広いところで、長野などでは、餅を負わせた子を箕の中に入れ、

しいなは舞ってけ
実は　残れ

などと唱えるのです。

矢張りその箕が出る佐賀県伊万里市東山代町川内野では、箕の中に餅を入れ、その上に小豆煮たのを搗いてふるって（フルイに通して）とり粉みたいに振りまぶし、その上をわらじをはかせて踏ませます。

鹿島市本城や塩田町などでも「足のきくと、よそさはってく（出て行く）はってかんごと」といって、箕の中の餅の上に煮小豆振り、わらじをはかせて踏ましました。

餅ばかりではありません。佐賀県玄海町牟形では、誕生までに歩いた子に米一升背負わせて、餅を踏ませました。

餅や米を背負わされて、なお脚を払って突き倒されるなどよりは、餅を踏みつけて済むなら、当

人にとってはそれに越したことはなかったに違いないのです。

赤子は、この世に立ち出でた時から、幾十もの垣にめぐらされて守られました。覚束ない命を確かにするため、押し寄せる迷惑なものらから奪われないための手管を尽くして来たのでしょう。だが半面、成長の早過ぎるのは好まないのです。生れた時から歯が生えているなどは、非常に恐れました。「七月歯は親を殺す」とか、「十月塔婆」などといって、餅に歯型をつけて川に流したり、上歯から生えるのがよくないと根もないような基準を設け、その時は一晩で布を機にかけて着物にして、それを着せた人形を海に流すなどと、とんでもないハードルを設けていることなどから、その怖れの並でないことがうかがえるのです。

女は、鬼子を孕むのを怖れていたのでした。子どもがどうして出来るかわからなかった以前は、自分たちの子であると思う反面、一部は先祖などをはじめ、諸々の魂の入り込んだものと見たのでしょう。五月の節句に孕んだ蛇の子を流すのだといったり、昔話の世界にも、大蛇の子を孕んだり、川を流れる矢に当って孕んだり、光が身に入っただけでも孕むのではなかったですか。

生れて以来のまよけは、子の身からこれらの怖ろしい部分を祓い落すことにあったと思われます。

「七つまでは神の子」なるいいぐさがあって、その祓いごとは七歳までも続くらしいのですが、まずは最初の生れ日の立ち返り日に、それまでの総決算のような厳重なもの忌みをなして、安心を得たかったのではないでしょうか。

　じっさいにモノの出現にさらされた死人も、危ない瀬戸際にいる産人も、あの世のものらと奪い合いを演じられていた赤子も、また、同じように一年のうちのはじめの月、正月も、身に振り、足下に踏みしめ、体のあたるところはみな、米や餅に包まれたかったのではないでしょうか。

三、石

石を供える

対馬を訪れたのは、昭和五十六年の冬でした。上県郡《かみあがた》（現・長崎県対馬市）と南の下県郡とがある、その上県郡の西海岸、上県町女連《うなつら》に向かう途中で車にのせてもらいました。横山さんという御夫婦は女連の隣の久原の人、こころよく宿を請ってくれたので、しかも二泊させてもらえたので、翌日も女連に通って話を聞くことができました。久原には年寄はもういない。女連は年寄の多いところだということなのでした。

女連は通りに粘っていれば、誰か散歩に時を過ごすようなお年寄が通り来るという風で、しばし私たちは道際の石の上などで、また陽が移ったといっては、向かいの家の軒下などに腰下ろして会話をしたのです。そそくさと頼みを断って帰る人もいました。何人も相手が替わりしました。中で、八十一歳になる、大木ハツさんと、大正五年生れという平間忠義さんがいちばん長くつき合ってくれました。

ここで私は、石を賽銭にする話を聞いたのです。

こんな次第です。神さま参る時は、潮で手を洗い、口に潮なめるという「しおばれして」、波打際の小石を三つ拾い、それを神さまの社前に置いて拝む。

「氏神さままいる時はいつでもそうしおった」

というのはハツさん。

「石多いほど、神さんの財産なって喜ぶ」

は忠義さん。

私はさっそく村の外れ、浜の傍にある氏神さまを訪ねました。新しい社《やしろ》をこしらえてある、その右手土間に少し大きい石も混じって、丸いきれいな浜石が、大籠に一つぐらいの量が積み上げてあるのでした。

昔はほとんどが石の賽銭、石が「たいそうあった」とのこと、祠が新しくなって、石の置き場も遠慮勝ちになったというところでしょうか。

海岸線をもう少し北に行った同町伊奈でも、

「天神さまに浜で拾った石三つ供えて拝む」

であったし、さらに町の北端にあたる湊でも、島井シマさん（明治三十六年生れ）が話してくれて

「宮にまいる時、浜で石二つ拾い、真中に米のおひねり、その左右に石おいて拝む」
というのでした。

私はすっかり忘れていました。石を賽銭にするなどとんでもなく不思議なことのように思っていましたが、じつは山形で私たちも同じ振舞に及んでいるのでした。

山形市の西、二十キロばかり奥に入った大蕨という私の村は小さな村です。戸数は百五十もありましたろうか。現在は山辺町に合併しているのですが、その町から、村山盆地の縁《へり》を二里ほど登りに登って行ったところに、擂鉢の底のようにして現れる静かな村で、田んぼを真中に抱え、深い山ひだはまだ幾つかの小字《こあざ》を抱えています。

この村外れに、というか私の小字の隣にお観音さまがありました。それより外にある墓場が手狭になって、新墓ができた、その新墓と背中合せです。

お観音さまは一坪ぐらいのお堂で、床が張ってあり、一段高いところに坐像がある。このお堂の向かって右に、もう一つ小さい、板張りの粗末なお堂があって、腰ぐらいの高さの土手を床にしており、中には石の地蔵さんが立っている。

問題はこのお地蔵さんです。肩まで大・小の石に埋まっている。大きい石は掌大のものもありました。私たちは、ここに行く時には、角のとれた、肌のよい、なめらかな小石を一つか二つ上げるのを常としていました。
ただ供えるだけではなく、放ってうまく石が納まることもありましたし、転げ落ちてふたたびやり直すこともあったのです。大人は、もっとひょいひょいうまくやるようでしたが、子どもは届かないので不都合だったのでしょうか。この積石は、高さがぐんと低くなることもありましたから、誰か世話する人もいたのでしょう。

石

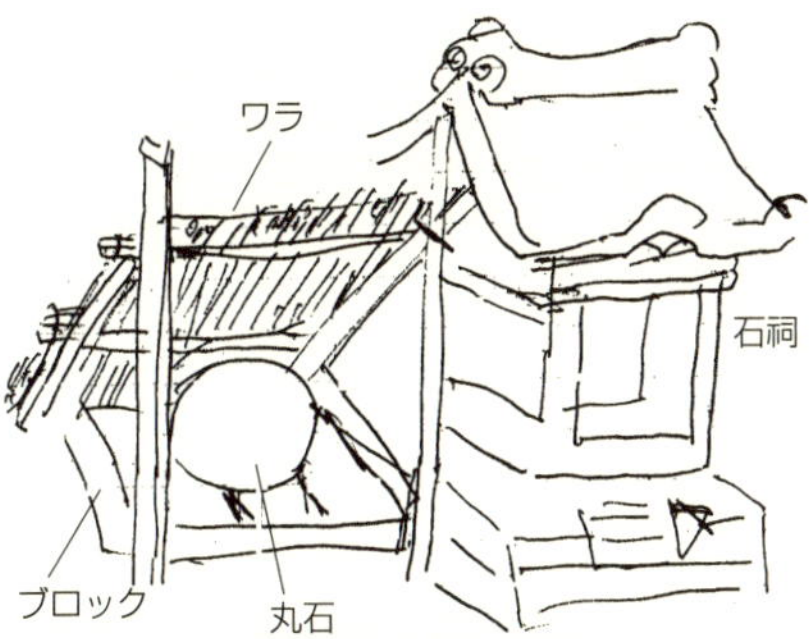

（栃木県鹿沼市久我）

お観音さまではよく遊びました。私たちの小字《こあざ》の子どもたち、男が三、四人に女が二人、一人では行くところではありません。遊びがなくなると、最後の場所として選ばれるのでしたが、乱暴な男の子はお堂の屋根に登り、カヤ葺き屋根のそのカヤを掴み抜いて、追ってくる相手に投げつけたりするのでしたし、隠れんぼうに、石に埋まりある地蔵さんの隙もないところに潜り込んで、地蔵さんを股越しにする、その度に、肩までの石がざらざら滑り落ちるのでした。
数年前、墓まいりのついでにお観音さまを覗いたら、お堂の床にはうすべり（ゴサ）が敷いてあって、きれいに面倒が見られ、隣のお地蔵さんもそのとおりで、石など一つとして見当りません。

六つ違いの弟がいます。女房も同級生で、彼等の家に行けば思わぬ村ことばにも出会えることもあるのですが、お観音さまの祭（年に一回ありました）は知っているけれど、石はまるっきり覚えていないとのことでした。こうして古い習俗の形は、一片の影もとどめず姿を変えていくようです。

対馬の女連では、氏神さまの他に石を供えるヤクマサマというこれは山の神でしょうか、がありました。六月のんまの日、麦を一株刈ったのと、小麦だご二つと甘酒を持って行く。ヤクマサマは大樹の下に石があるだけ。そこに浜から拾った平たい丸石を三つ重ね、上にごく小さいのをのせる。この石重ね三つを前に積み、それに甘酒かけたり、供物する。その場所に土俵を作り、子どもが相撲をするとのことでした。

また、平戸島の南端、野子（長崎県平戸市野子町）では、毎月一日と十五日に、オシオイを汲んでくる。これ用の細い竹筒を用意してあるのですが、これから、杉葉で、おこしんさん（荒神）、大神宮さん、稲荷さんなどに潮を振りかける。祇園さんにはまさごを三つ、なごし（夏越）には七つ筒に入れて来るという。

これも賽銭にする趣だったのではないでしょうか。

赤子と石

子が生れると、直ぐに用意されるウブメシと呼ばれるものがあります。少しばかりの飯を炊き、椀に一つ盛り、てんこ盛りにして、産屋の枕もとや、膳箱とか小台を設けた上などに据えるものです。

それがどんなにさっそくだったか、こんな話も思い出します。天草の河浦町（熊本県天草市河浦町）益田で小林ツマさんに聞いたことです。

「つづらご（三軒ばかりの山の集落）の人、夫が家に帰って、嫁ごの姿がないので、うちのかかどけおんじゃろかいと家に入ったら、かかは一人で子生んで、イヤん緒（ヘソの緒）も切り、湯浴びせてオギャンメシ（ウブメシ）を炊いて供えているところだった」

椀に盛り上げた一つ飯、それも据える場所も産人の枕元だったり、物置く上だったり、これは人死んだ折の「枕飯」との相似の色濃いものです。枕飯も、茶碗一つ分を尋常ならざる方法で炊き上げ、茶碗に山盛りにしたのを急ぎ枕元に据えるのでした。いうまでもなく、人の死の折には災厄をなすものを祓い逐うことにひたむきな時でしたから、枕飯もその一環であったことだけは確かです。枕飯ではなく、米を置いたり、石を置いたりもするのです。目差すものは同じところにあったろうことです。

ウブメシもそれと同じ性質だったのだろうと思います。しかし、ここではそれに触れることは止しましょう。そのウブメシに石を添えることをいうのでした。

ウブメシ、また三日、七日のいわいの膳にもつけられ、百日の食い初めの膳にも、石が据えられます。

こうして石をつけて、「頭がかとなるように」とか、「石のように堅く育つように」といって親たちは理由にするのですが、それはどうでしょう。生れるはるか前から石の姿を見るところもあるのでした。

三崎半島の、愛知県田原町浦のよしさんは、オビイワイ（腹巻を巻く）の時、膳に石二つ供え、神さまに供える。この石をとって置き、生れてのウブノカミサマに供える膳にもつける、とのことでした。

三重県熊野市神川町押上でも、熊野のうぶた神社の石を借り受けて神棚に置き、生れたら石を倍にして返すといっていましたし、『日本の民俗24　三重』（第一法規）には、同じ熊野市長井では妊娠五か月のとき、河原から平たい小石を一つ拾って来て腹に当てておくと安産するという、とあります。

腹帯には赤布を用いるとする地方があり、一本まるまる赤布でない場合は、一尺ばかりの赤布をはさむとか、それでなければ紅の点をつけるとか、まよけの赤に執着を示すのですし、猛きものの代表、熊の百ひろ（腸）や十二指腸をくけ込んだりするのですから、同じ力の石をあてるというのも、ありそうなことなのです。

赤子は最もあの世のものに取られやすい、最大お祓いの必要な、守られなければならない存在でした。これまで見て来た「銭」、「米」同様、石もまよけだったという他はないのです。

各地の事例を紹介することにします。

青森県南郷村島守の高畑せつさんの場合は、七夜の膳に、石と、石の他にネギと水を置くという珍しい型です。

水も「水盃」ということばがあるように、いわくのあるものですが、ネギは、親分格のニンニクの末に連なっているまよけの植物です。

前の二つはウブノカミの膳に供えるのでしたが、赤子自身の膳の場合も多いのです。

栃木県粟野町下永野では、石が現れるのはクイゾメの折です。膳に、皿におこわ、河原から拾って来た平たい石三つのせる。他に、おかずやお頭つきなど。鹿沼市小峯原でさださん（明治四十四年生れ）は、赤飯に石を一つのせました。

愛知県田原町西大浜のトクノさん（明治三十三年生れ）は、生れた時だったか、いつだったかと記憶不確かなようでしたが、膳に石二つのせる、「石は箸だげなで」といっていました。石はしまっておいて、また次の子の時使う。「今もそんなり引出しにとってある」とのことです。

「生れると飯たいてウブガミサマに供える。膳に、河原から石一つ拾って来て皿にのせ、塩添える」

というのは長野県穂高町塚原の小林すみえさん。三郷村東小倉の古幡さんは「ウブメシ、膳に石三つ、豆三つのせる」といいます。

岐阜の東南部の御嵩町《みたけちょう》前沢では、三日のうぶゆ（いわいをする）だといいます。ウブノカミサマにといって、膳に赤飯《めし》と煮干、膳の隅に家まわりから拾った小さな石五つか七つのせ、産室にまつる。近くの瑞浪市本郷では、この日を「三日のゆ」といって膳を作り、小豆めしと、膳隅に小石三つ据えることをいいます。

「うぶゆ」といい、「三日のゆ」と称する「ゆ」は「いわい」のことであり、「いわい」とは、これから起こるかも知れない凶事を、前もってお祓いしておく意味のようです。

福井県東端の名田庄村（現・大飯郡おおい町）老佐古のきくさんは、次のように語りました。

「百日目にアズキメシたく。一升に二、三合のもち米入れて、川から赤い赤い石三つ拾って来て皿に盛り、膳に据える。赤い石はなかなかない。水の中にある時は美しくしていても乾くと色あせるでな」

同じ棚橋では「赤石二つ」といい、坂本では「河原から石な（小石）一つ拾って」といいます。

京都府では、以下のいずれも百日のクイゾメにといいます。

美山町の盛郷では、膳に焼物として皿に、吸物椀にも、飯椀にも全部石だけをのせる。谷から拾ってだという。

「百日のクイゾメに、石二つ拾って膳に据える。その後、恵比寿さまの棚に上げておいた。今もまだおいてる」

こういうのは美山町の西になる、瑞穂町井脇の光永トヨさん（大正元年生れ）。この人の子どもは六人、家移ったりしたので、皆のはないがとの話でした。

膳に据えた石は、その後もしばらく取っておくものらしい。隣の丹波町上野で昭和五十六年探訪当時九十二歳と高齢だった細見イカさんは、クイゾメにきれいな石二つ拾って来て洗い、膳につける。すんだ後は花壇の隅などに置いておく。「お前のいわい石やぞ」などという、とのことでした。

丹後半島の伊根町菅野で大家ひささん（明治三十三年生れ）は、百日のクイゾメに石一つ据え、「石かねよりかとなるように」といいました。

奈良市日笠で語ってくれたのは中尾静子さん（明治四十二年生れ）です。

「石の焼物といって、おてしょ（小皿）に小石を三つ拾って膳につける。その後水がめに入れとく、水あける時からからいう。それで子が丈夫になるといった。明治五年生れの母親がやってくれたこと」

鳥取県の赤碕町高岡で大正六年生れの高力万代さんたちも、これをアタマイシと呼び、

「生れたら直ぐに丸い平たい石を拾って来て、赤子の枕元に置いておく。いつまで置くのだったろうか、すてないでたまって（しまって）おりましたぜ、へやの（寝部屋）の棚に幾つもあった」

石の名をチカライシと呼んだ愛媛県津島町（現・愛媛県宇和島市津島町）大日堤のあたりもそうでした。水尾とみ子さんがいうのに、

「七日のナツケに子の膳に丸いきれいな石を一つ置く。浜から拾ってくる。姑、黒い丸石拾ってくれた。針箱の引出しなどにしまっておく。子は三人」

ところで右にいう地、愛媛県の海沿いの地では面白いものが顔を出すのです。同じところで小笠原きくえさん、水尾さだえさんが語りくれて、

「百日目に食いぞめ、膳にキミオコゼ据える。オコゼは刺あり、大変な毒持つ。中でもキミオコゼは猛毒。赤色している。黄も混り派手な色。キミオコゼがなければ、膳に石をのせる。雨垂れ落ちの石拾って、それに豆めし（小豆めし）。子は五人、一人だけ石ですました子いる。てぐりで捕る」

最後の子五人以下は二人のうち、どちらがいわれたことだったか、わからなくなりました。それにチカライシの件を話してくれた水尾さんは、百日の食いぞめにはキミオコゼか、カナガシラを生で据え、それに膳の隅に丸石据えるというのでした。

オコゼと聞いた時、勝手に調理ずみのものと想像していましたけれど、彼等は生で、でんとその威風を示すわけです。

昭和五十八年にここを訪れた時、水尾さんたち二、三人の集まったところで話を聞いたのでしたが、オコゼを珍しがってあれこれ質問するこちらに、今近くの生簀に一匹いるとのこと、生きたオコゼをはじめて見ることになりました。ニュウドウという種類で、赤味も認められませんでしたが、近くで子が生れて、注文を受けているのでと、確保されているのでした。なかなか手に入り難

いために、このような心配もされるようで、南隣の内海村網代では、オコゼがなければ、ホゴ（赤い頭が大きい）か、カネタタキ（赤みを帯びる）でもいい、でも、あまり捕れぬといっていました。

津島町横浦では、その赤い魚の代表、鯛が現れるのです。

七夜に、鯛と石を据える。鯛ではなく、キミオコゼをつけることもある。百日の食いぞめにはキミオコゼを（生で）つけると。

ニュウドウ

（愛媛県北宇和郡津島町）

オコゼは山の神の好物として有名です。山に入って猟のない時、道具類など見失った時、ちらとオコゼの身を見せるだけで、山の神の気嫌が直って、万事思い通りにいく。なんでも山の神は醜女で、それでまた、そのことで名高いオコゼを見ると気を良くされるのだとのもっぱらの世上の噂ですが、そんなことはないのでしょう。

刺あるものはモノ除け（まよけ）物の一つです。これは節分のヒイラギを見るだけで充分でしょう。ヒイラギの他に、鋭い刺のアリドウシやら、タラの木やら、山椒がこの日は使われるのです。オコゼは猛烈な刺の持ち主です。それも猛毒を持つというのですから、これほど怖ろしい刺の持ち主は、この世にはいないのではないでしょうか。

オコゼを膳に据えるというのは、この世にまたとない、人みな跳びしさるところの強大なモノ除けものをさし出したのです。

山の神がオコゼを喜ぶというのも、これをちらと見せるだけで霧が晴れたみたいに、寄られて迷惑なものらが退散し、結果、ものごとが思うように行くというのでしょう。

最後の鯛が出てくるのにも興味をひかれます。鯛がなければ、赤い魚というのでした。赤色がまよけなことは度々申しました。赤の色は天然では得難いもの、それなのに鯛や、それに類する赤魚は見事赤色を誇る。それは石の赤いのを喜ぶと同じ心でしょう。植物で小豆が尊ばれ、どこでもこれが赤飯として炊かれ、椀に盛りつけられていた次第と同じです。

さて、九州の例がもう少し残っています。こちらは、生れて直ぐにという形が多いらしく、地ノ島の泊では、橋本やすのさん（明治三十二年生れ）が、

「ウブガミサマとて、生れたらさっそく用意する。朝生れたら昼には供える。家では床の間に、膳に椀に盛った飯だけ、それに石が一つ傍に置いてあった」

と語りくれる。

天草の有明町大浦のちさ子さん（大正九年生れ）も、

「子生れたらなにおいても直ぐにウブメシを炊いて、産室のたんすなど置いてある上に供える。

茶碗に山盛り。この飯は供えるだけを釜底に少しばかり炊く。その後で改めて飯たき、産婆や寄っている人々に食べてもらう。ウブメシは、腹大きい人に食べさす。産の軽《かる》ごっといって」

茶碗に一杯分の飯など、うまく炊けるはずがないのです。おそらく人の食べるようなのではなかったのでしょう。

大分県庄内町五ヶ瀬でも、

「子が生れたら、丸いきれいな石一つ拾って来て、茶碗に一つ飯、神に供えた、その傍に置く。七夜まで石置いていた。その後いっときなおしてた（しまってた）。あとはいぜ（堰？）に流す。生れると夫などが拾いに行くこった」

ウブメシに、また膳に据えられた石は、オコゼとも、赤い魚とも、小豆とも、狙いを共有するものだったと見るべきなのです。

石枕

対馬では、人が死んだというと、石を枕の下に入れたり、枕元に置いたりするのでした。はじめに耳にしたのは、島に上陸して、なんの予備知識もないまま、古風さを残している村の幾つかを教えてもらおうと飛び込んだ厳原町の教育委員会で、隣、豊玉町志多浦出身の平山茂光さんが話してくれたのでした。

志多浦の風として、死んだら、人の踏まないようなところから、「ごりんの石」といって一つの石を拾って来、死人の枕元に置く。かなり重いもので、葬式後は墓のスヤに入れておくという。スヤというのは、埋めた塚上に載せる、家型の覆いです。

この風は対馬全体に広いらしく、西海岸の、厳原町小茂田でも一宮よし子さんが、

「死んだら石拾って、枕下に入れる。この石で棺蓋の釘を打つ」

と語っていました。

枕の下に敷かせるのは、ずっと北、上県町女連《うなつら》でも同じでした。

西向きに枕をかえたり、その枕の下に石を一つ拾って敷かせる。石は棺の釘を打った後、御先祖さん（墓）に持って行くという。

これを女連ではイシマクラと呼ぶのでしたが、それは、西海岸をさらに北にいった伊奈でも同様で、こちらでは、藁折ったものと石とを頭の下に敷くとのことでした。島のほとんど北端部近くで、今度は東海岸に移って上対馬町の鰐浦ではトヤさん（明治二十七年生れ）が語ってくれるところだと、

「石拾って（見当をつけたら後ろ手にして拾う）死人の枕元に置く。『枕がえの石じゃ』といって。後、坊さんに字を書いてもらって、スヤの中に入れる」

同じく唐舟志《とうじゅうし》では、棺が出てから、死人の寝ていたところに小さい石を一つ置く。そのあけ日（あくる日）ぐらいに和尚さんに字を書いてもらってスヤに入れるとのことでした。

枕元に石を置くことは、これより三年前、東北の旅でも耳にしておりました。この時も主に東海岸線を南下したのでしたが、青森から岩手に入って下閉伊郡田野畑村切牛で聞いたそのやり方は、目を落したところの頭のあった場所に石を一つ（掌大ぐらいの大きさ）拾って来ておくというものでした。北枕に変えてからの位置ではなく、息を引き取った時に寝ていた頭の傍であると。七

日までそこに置き、七日に墓に持って行き埋めた上に置く。

北枕に直してからの位置ではなくて、目を落したとこ、息を引き取った場所と強調されるのも面白いところです。

一つ下の岩泉町小本の小成チヨさん（明治二十九年生れ）も、目落したところさ置く。平たい掌ぐらいの石。どこからでも拾ってくるという。

その石が挽臼に代わるのが宮古市の半島状に突き出ている部分の小角柄や、石浜です。

「目落したとこさ、挽臼一段を置き、その上に線香を燃やす、ハヤオケ（棺）に入れたらとる」

これは小角柄の佐々木スエさん。山崎こまさんのいうのは、「葬式終ったら元に戻す」でした。

ここらでちょっと「北枕」について考えてみましょう。人は死んだら、さして時を経ずに「北枕」に変える。これは「西枕」とする地方も相当に広く、北とは半々ぐらいでしょうか。

この北や西については、格別深い意味合いがあるとは思われません。ただ平生寝ている方角と逆向きにするだけでいい、結果、そうした北や西になるわけです。普通、家の向きは東や南、また、それにかかわる方位が多く、頭の位置を家の裏向けて寝ることは少ないのです。

これも一種の目くらましでしょう。葬いを「とりかくし」と呼ぶところもある。死体かくしの一策であるのでしょう。

死をもたらした、いとわしいものは、なおとどまって空家になった死骸に入りこもうとしている、魂は穴を通って出入りすると考えられていましたから、当然、頭を狙うのでしょうね。ところが目指した頭は所在がわからなくなっている。普段向かない方角にはあろうと思っていないからです。死んだ後、向きは変えないけれど、着物を逆さ、衿を足の方にして掛けるところも多い点などを見ると、どうしてもこんなふうに思えてくるのです。

ここで落語の一つを連想したのは私ばかりではないでしょう。「死神」という題でラジオの名人寄席に、柳家なにがしの物で放送されたのを聞いたことがありましたが、こんな筋です。

三両も作れない男が、橋の上で死んでしまおうとした時に死神に逢う。死神のいうよう、拝み屋になれ、おれが病人の裾の方に坐っていればその者は生きるが、枕元に坐っていればそれは死を表すので、その通りに言えばよい。

男が、死神の言ったそのままにするので、拝み屋の評判は上々。しかし好事魔多しで、その金を遊興に使ってしまう。そしてある有名商家の旦那の病に千両を積まれ、死神をだますことを決意をする。こっくり居眠りをしている死神にわからないように、布団の四隅を店の四人でもってエイヤッとばかりに逆向きにしてしまう。

その夜だった。男は気の進まないまま死神の案内で穴底に降り立ち、たくさんのロウソクのともるのを見る。中のいちばん短いロウソクが男のものだと知り、長いロウソクに移し替えてもいいとの声に火を移そうとするが、男の手がふるえて火がつかない。

死神「つくかな」「消えるかな」…「そら消えた」

最後は自分の寿命でつけを払わされるという、落語としてはまれな鬼気迫るものでした。「北枕」もそうしたトリックの一つと思われます。また、まよけの石を置いたのは、さらなる打撃を狙ったのであったでしょうか。

死人と石との関りでは、岩手でこういうことも聞きました。

釜石市唐丹《とうに》町の武山キミエさんは、若い人たちに取りなしてくれて一晩面倒を見てくれた人です。この人が話してくれて、

「死んでからも体柔らかいものある。ちょされない（いじれない）ぐらい柔らかい人もある。そういうのは後近《あどつか》い（また死人の出る時期が近い）といって嫌われ、石のようにかたくなれといって石一つ棺に入れる。親類の年寄なくなった時がそうだった。私の亭主の兄なる人が『柔らかいから石入れろ』と入れさした。五月のことだったが、この兄さん、九月に死んだ」

同じ唐丹町の中で、雲南ひさえさんも同じようでした。

「死人が柔らかい時、石のようにかたくなれといって、棺に石を一つ入れる。気持ち悪いぐらいぐだめぐことある」

宮城県唐桑町高石浜でも、五十代の婦人が聞かせました。

「死体が柔らかい時、石一つに、煮干などの魚っけを入れる。手を組ましても開いてしまうような体ある。二度ほど私は出合っている。こんな時には、また近く人が死ぬというが、本当にある」

死んで時間が経つ内には、体の硬着状態も一時ほどける時間帯があるらしいが、そうした生理現象はわからず、特異と怖れる人々は、まよけに力ある石を死人に抱かせることもしたのでしょう。

発掘された遺跡の墓には、頭部のまわりなどに石が一個とか、数個置かれたもの、石の上に頭をのせたものもあるようです。年経ても姿変えず、火の中を通っても損なわれず、当るものを弾きかえすかたい石は、当時には人に頼られるモノ除け物だったのでしょう。

石の門

変った石の門のことを聞きました。福岡の玄海灘に浮ぶ、船で三、四十分の地ノ島（福岡県宗像市地島）のこと、葬列の時に作るものです。

長い葉なしの竹の先に、両手の親指と人差指で囲ったぐらいの細長い石を、縄で吊し下げたものを二本作る。これを家の入口に交差させて立て、この門を通って葬列は出る。終ったら石はすてる。

これを最初に聞かせてくれたのは、森田もりえさんという明治二十七年生れの方で、昭和五十八年のことです。渋る彼女に鉛筆を渡して図にしてもらったところを見れば、なが一い一本棒の上に、縄でぶらぶら吊り下がった形です。同じ形のものを二本平行して書いてくれている。

後で、同じ年の藤井利三さんにもうかがいましたが、「竹に細長い石を縄でしばりつけ、二本を交差させて家の出口に門にし、（柱にしばったりなどして）、みなこれを潜って出る。終ったら石はすてる」と、まったく同じでした。

六十代の婦人はしかし、二本を交差させてしばったところに石を吊すとのことでした。このように見えたのでしょうか。振り分けにした「石は二つ、卵大」と。

葬列の通る門は、他では多くカヤ（ススキ）やヨシで作られるものです。カヤはまよけの品としては名高いもので、それは五月節句の屋根ふき（屋根のまわりにつきさす）でも知れることでしょう。悪い病気がはやると、葬式と同じカヤの門を作り、ヨシを下げる地方もあるのです。吊るされた石も、これらと同じ趣旨にあるものとして見て差し支えないはずです。

対馬に渡ったのは地ノ島を訪ねたのと同じ足だったのですが、ここでも面白い石の形に出合いました。葬式ではなくて正月のことです。上県町女連《うなつら》で聞いたところによると、

「二日、生木を切ってくる。これはなんの木でもよく、葉のない、七、八十センチの、小指ぐらいの太さのものを用意し、これに石、長目のものを一つカズラでしばり、木の末にくくりつける。これを二本、門口の両側の門松の結び目にさし込んで立てる。石の重みで枝がたわむ」

これは前にも紹介した平間さんや大木ハツさんの一緒に居るところで聞かせてもらったのでしたが、当時八十一歳だったハツさんは、枝を撓めた石を、「正月つぁまの金《かね》だ」とつけ加え、「『正月つぁまが、金をば抱えこんでこらった意味じゃ』と年寄がいっていた」と聞かせたもの

でした。

石の門の形は葬式のと似ているが、神さまを迎える正月のことだから、意味が違うだろうといわれますか。

それなら「正月は神さまを迎える」ということを白紙にもどすなり、こちらで歩み寄って考えてみることがいいのです。折々にも申しましたが、正月も盆も迎えることよりは、逐い払うことにのみ精出しているのです。

門の石にしても、宮城県鳴子町鬼首などでは悪い病気のはやった時には、穴の開いた石をさがして玄関に吊るしたものでした。

これを話してくれた遊佐思代さん（昭和八年生れ）は、それが「病気はやった時のようだった」と不確かだったのですが、明治四十四年生れの高橋省吾さんは、「石吊ったのは流行り病の時」とはっきり聞かせたのでした。

葬式のように、また正月のように一時的にしばり置くものと違って、家の玄関に吊り置くのでは、穴の開いたものが必須の条件だったでしょう。

このようにかたいもの、どんな頑丈にしばりまわしても、網袋にでも入れないでは安心できない、穴さえ開いているならその不安は一挙に解消するのです。

私は門口に吊るされた石は見ていませんが、村外れの古い社《やしろ》に吊ってあるのは何度か見ています。型整ったのもありましたし、穴が開いていればいいというだけのいびつなものも二つ、三つ太縄で通すなどして吊るしてあるのでした。

こうしたモノ除け物は、何々神様といっている、お堂や祠によく供えるものです。自分たちの家と同じように、赤い布を何枚も上げたり、鈴を上げたり、米をまいたりするわけです。二股の大根が掘れたら、まず道傍の道祖神さまに持ち行くように、自分の家の門にも、もしかしたら、まずこうした神々の住む社に、お守りにすべく届けたのではないでしょうか。

今、家の門といいましたが、私たちの持つ石製の門柱がすなわち、葬式や正月に棒の先に結わえつけた石の門に継がるものではなかったでしょうか。

奄美地方などをまわって、どこにも石の門のあることには注目させられます。石で垣を作り、家の前にもヒンプンという家の正面を隠す石塀を置くのですから、その延長で石の門になるのは当然でしょうが、そうでない、生垣をまわしたような家でも、石の門だけは築く。石でなければ、木でも作るので特別かたいイスノキを埋め込み立てることなどをするのです。そしてその上にはまよけのヒンジャ（水字貝）をのせておいたりする。これは沖縄でも同じことで、こちらではまよけのシャコ貝などをのせたのも私は何度か目にしました。

鳥居にかかる燃尻

（小浜市矢代）

学校の校門などもそうでしょう。四月の入学の時期になると、記念撮影の決まったバックになるようです。私の子どもの頃の学校は、最初カヤ葺きの、建て替えた後も小さい平屋建のものでしたが、校庭入口の左右には、見上げる高い石の柱がでんと納まっていたものです。

神社の鳥居も、朱に塗ったり、石だったり、趣旨はこれらに変わりないでしょう。鳥居の横桟に小石をのせるのもどこかにあったかと思います。下から投げてやって納まればお願成就と喜ぶ。お願成就はともかく、その石をたむけるところ、穴あき石を供えたと共通の意識でしょう。

小浜市の矢代という村の中を通った時、燃え尻を鳥居に下げている神社があって驚きました。短めの燃え尻を二つ、縄でしばって、振り分けに鳥居の下桟に吊り下げてある。これが五、六個ありましたろうか。

正月、五月に加茂神社で村人集まり、火を焚いて酒を飲む。その折「鳥居まつり」とてその燃え尻、火の消えたのをしばるとのことでした。

これもありそうなこと、正月のしめ縄に炭を吊るすところは多いのです。まさか、燃える火を下げることも出来ないので、火の名代として用いるのでしょうか。火の色を現したものが、前ほどいう鳥居の朱なのでしょう。

石の門を話題にして石敢当《いしがんとう》に及ばないのは片手落ちでしょうか。現代的な町並みの中にも、自然石の姿をそちこちで見るのには目を見張ります。私の今いる秩父の町中でもことに目立って、屋敷のかどに、突き当りに、玄関際にと、年経て馴じみになったような石の姿がある。新しく道をこしらえているから移すのかと思っていると、石はそのまま、塀や道を工夫して残してあるのです。

「石敢当」は奄美や沖縄方面のことば、でもわかり易く名付けたのは、喜界島でいう、「マジムン(魔もの)パーレー(祓い)イシ」というのです。

向かってきた敵も、石の頑固さには、歯が立たないのでしょう。

葬いに関っての石の使い方には、次のような扱いもありました。葬式には、終ったあと祓い清めることが行われます。たいていは塩が使われるのですが、米を噛んだり、茶を飲んだり、生臭ものを噛ったりします。この時、石を祓いの材料にするのでした。

対馬の上県町女連《うなつら》では、葬式の終った後は浜に降りて手を洗い、石一つを拾って肩越しに後ろに放るのでした。

島南部の厳原町小茂田でも、葬式に行った帰りには石二つを拾って、肩越しに後ろに投げ、後ろを見ないで帰るという。

福岡県地ノ島の白浜で、ミネコさんが語りくれるのも同じこと、「墓は磯辺だった。そこまで葬式見や送りに行った帰り、石二つを両手に持って、肩越しに後に放る。後ろ向いたらいかんという」

平戸市の隣の生月島壱部でも、変らずにいうのを聞けます。

「葬式見に行ったなら、大人も子どもも石二つ拾って肩越しに投げる」

埃をかぶったのを払うように、塩や、潮祓いに身に浴びせるように、身一つを祓いの対象とするには、肩を越して放りやることにもなるのでありましょう。

墓の石

直径三、四センチの武骨な生木の棒、これを三本、三方に立てたら、上を一つにしばり合わせ、ここから縄でしばった石を一つ吊るす。これが山形の私の村での、石塔のない家での死人を埋めた塚上を覆う装置のすべてでした。

三本立てるのは、ちょうどキャンプで作る飯炊き場のようになるのです。石は丸石で、縄は十文字か、もう一つぐらいまわしてあったかも知れません。そこから一本縄を伸ばして、先刻の三本まとめたところにくくりつけるわけですが、石は地上から三十センチ内外離れた空中にあることになります。

なんのための石かというと、子どもたちは、山犬よけとか狼よけとか聞かされるものでした。昔は棺が見えるぐらいまで掘ることもあったと。子ども心に、彼等は石ぐらいを怖れるものだろうか、気敏な彼等は気振りで察知して、石の下敷きになることもないだろうし、と思ったものでしたが、けもの除けを理由にするのはどこでもものことのようです。

同じ山形の南西端、小国町叶水《かのみず》でも、

「狐がしょう入れ、狼が抜きとる」

などという。

ここの嘉六さんが昭和五十六年の取材時に話してくれましたけれど、四十年前桜という地名のところで起こったこと。炭焼が家に帰る時、一週間前に死んだ人が白い着物をきて、ふらり、ふらり歩いているのを見た。翌日墓掘ったら死骸がなかった。炭焼はそれが元で間もなく死んだ。

存在すべきでない、奇体なものを目にすることになった当人が、それから病みついて死にいたったというのは、こうした類の話のパターン化したもので、すでに物語りの領域に入っているようにも思われますが、ほんとうなのでしょうか。

石の下がった埋め墓

（山形県山辺町大蕨）

叶水では、塚のまわりに七本の棒を立て、二重に縄をまく。中にサギッチョ（三脚）を立て、小形の石を吊るす。下にも平たいような石を一つ置くとのことでした。

石を吊るす地方はまだ広く、岐阜の美濃市奥板山や口板山でも、竹や、棺を担いだ棒など三本を立て、真中から縄を下げて石一つを吊りおくと同様に聞かされましたし、滋賀の土山町鮎河でも、これは小国町とそっくりでした。

埋葬した後、まわりに竹矢来を挿し、土盛りの上には大石をのせる。輿かきの棒を用いて三脚を立て、長細い石を縄でくくったものを吊るす。

三重県の美杉町丹生俣《にゅうのまた》（現・津市美杉町丹生俣）では、割った竹を三本ということではなく何本も立てまわし、末を一つにして縄を何重にもまわし、その中に石を一つ吊るすとのことでした。けれども、この吊り石のよける相手が狼などの生きたものではなかったことがはっきりしているのです。どうしてかというに、石を吊り下げないところは、なにを用いるかというに、鎌、また鍬など、金物を吊るしているからです。

一般に鎌が多く、渥美半島の赤羽根町（愛知県田原市赤羽根町）越戸のあたりでも、竹を三本立て、真中に鎌を吊るといいますし、それは岐阜の洞戸村飛瀬《ひせ》（現・関市洞戸飛瀬）でも同じ、上宝村双六《すごろく》では、竹を五、六本立て、柄をしばった鎌を吊るし、竹の外まわりは縄を巻く。福井県敦賀市沓や、常宮でも竹立てて鎌を吊ること同じです。

一方、福井県内でも、南端部の名田庄村（現・大飯郡おおい町）になると鎌ではなくて、竹を立て組んだところに穴掘りに使った道具、ツルハシとか鍬とかを一週間かけておくのでした。塚の上には「だんご石」といって河原から石二つ拾ってき、一つには位牌をのせ、その前に置いた石に膳をのせる。

穴掘りに使った道具をかけ置くのは新潟県上川村丸渕などでもそうでした。旗などに使った竹を挿しまわし、上をしばってそこに穴掘りに使用した鍬などを一週間下げておく。

京都府に入って、名田庄村とも近い美山町（京都府南丹市美山町）などでも、棒何本かでかこい、その上に道具類をかけておくのでしたし、少し西になる瑞穂町（現・京丹波町）の井脇や栗野の風は、先をとげた割り竹で垣をめぐらし、真中には竹を立てて鎌を吊るのでした。

すて墓の鎌

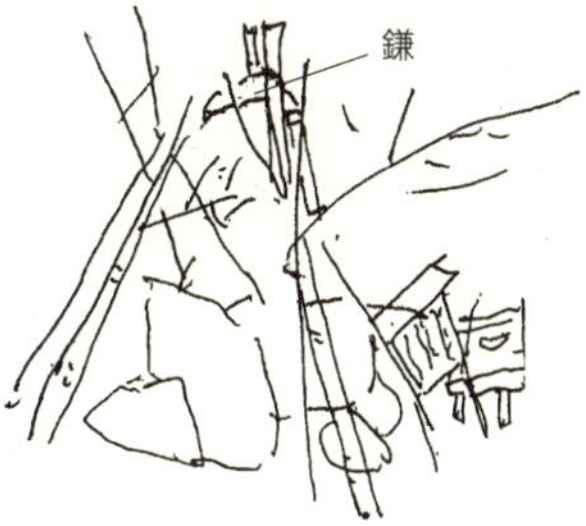

（小浜市志積）

岡山の阿波《あば》村（現・津山市阿波）中土居でもスヤ（屋方）をのせた後ろに杭を立て、鎌とぞうりか下駄を吊るしました。

塚の上、土に直接鎌を立てるとなら、これは広い範囲なのです。それでよく、古鎌はすてるもんでないという。こちらは、道具類をかけ置くのと違って、多分朽ちるまでそのまま立てておくので、そうした地方の墓にまわれば、幾つも目にすることができるのです。

また、この鎌は埋めてからばかり入用になるのではない。死んだというと、直ぐに枕の下に敷かせたり、体の上にのせたり、死人を屏風で囲う、その屏風に引っ掛け置いたりするのです。

吊るされた石の働きが、鎌や、鍬などと同じところにあったことはいうまでもありません。縄で吊り下げられた石も、半年もすれば縄が切れたり、棒が折れたり、またその前に仕末するのか、私の村ではそれらは取り払われて、塚の上には、また別の、ほどよい大きさの石がのっけられて墓じるしとはなるのでした。

村の墓には、こうした土饅頭に石ばかりのものも幾つもあったものです。その石の据える理由を、また穴掘りをやる時に新しい骨に当ったりしないようになどと聞かされたこともあるものでしたが、それはどうでしょうか。石がまよけとなるなら、石ですっかり覆い積み上げるようなことにもしたでしょう。じっさいにそうした墓にも行き合っています。新潟の上川村栃堀などでも、石を一つ並べぐらいにのせるといいます。

平たい蓋のような石をのせるところもあります。ヒラジマ（三重県熊野市神川町神上）とかヒララとか呼ばれますが、対馬の上対馬町一重では、その平石の上に、そう大きくない石を二つ重ねて置くといいます。

現在の私たちの二、三段に積み上げた墓石の形にも似てきたような気がします。

節分の石

節分に門に立てるものは、誰にもまよけの資格あると見られる刺あるものに、これもまたまよけとされる臭いもの、豆を打って、

鬼は外

の唱えごとまで出来ているのですから、この日の行事が祓いごとにあることは、万人の眼に明らかでしょう。

盆も正月も年中行事のすべてが祓い行であると見られるのですが、正月の門口に立てられる門松を人に納得のいくように説明しようと思えば、千万言のことばが要る。その点、節分の採物は、目に映るそのとおりなのですから、これはことばを費やす必要もありません。

打つ豆にしたって、これが祓いごとに登場する例はいくらもあって、生れたての赤子は初着物の背中に背負わせられるのでしたし、死んだ時にも、座敷にまき、棺に米と共にぱらんこぱらんこまかれるのは方々にあることです。

豆をまくのは、散米と一つなのです。その豆を年の数だけ食べるものだという。年の数だけはともかく、これを腹の中にも納めるというのは、「米を噛む」と同じ腹の中の祓いなのでしょう。米の場合は生でも噛めるが、豆はそうはいかないので炒ることにはなるのでしょう。

打ち豆は、噛まれる他にとっておいて初雷の折に、また旅に出る者に食べさせたりするのでしたが、これも、神まつりしたものだから尊いのではなく、そもそもが災いなすものを祓いのける趣旨のものだったからです。

米がまよけになるのは、無限に生み出される子沢山のせいかも知れませんが、豆もなんらかの理由で米に匹敵するモノ除け物とされたのです。米以前に豆があったら、もちろん、これがその分も一手に引き受けていたのでしょう。

豆は作るに楽な作物です。確実に芽が出る。その芽も、種子をまるまる頭にいただいた、なんともたくましい、力あふれるものです。それで芽の中の芽ということで真芽（マメ）の呼び名ができたのかもしれませんし、モヤシの食材などもできたわけです。豆がまいた数だけ十中八、九育ち、肥料いらずで間違いなく丈夫に成熟するということで、健全の代名詞に「まめ」の名が借りられたようでもありますしね。まあこんな点が豆が選ばれている理由になっているのでしょうか。

さて、節分の打ち豆の中に石が混ぜられることがありました。

それを記録した私のカードでは、旅をはじめるようになった昭和四十五年と五十三年の、いずれも三重県で耳にしたことが記してあります。


豆・米（炒って）、小石（二十もあればよい）これらをまく。（尾鷲）

浜の小石を炒った豆と一緒にして、マスに入れてまく（南島町古和）

珍しい思いで書きとめて置いたようなのですが、それから何年も後（昭和六十年）に聞いてみれば、この地方では、石を入れるのが普通なのでした。

尾鷲市の町外れ、旭町の泉たつきさんは、豆に浜の豆粒ぐらいの石まぜてまくと教えましたし、少し南に下った九鬼でも、米、豆炒ったのと河原の石、マスに入れてまくと教わりました。

これより一山越えて至った入江の村、三木浦（鷲市三木浦町）で三鬼ツギエさんの話してくれるのは次のようでした。

「イマメ（ウバメガシ）焚いて豆炒る。鬼打ち用には磯物のニチゴメという貝と石三つ玄関に向けて打つ。これには豆入れない。ニチゴメはサザエのごく細かいようなもの、尻とんがっている。潮満ちた時だけいる。水際にすがりおった。数少ない、宝物拾うように拾いおった」

この辺は、石と共に海のものが加わるのです。ウバメガシのように、焚いた時バチバチ高い音をたてるのも、各地でこの日の企みの一つにされているのです。

ここにほど近い三木里（尾鷲市三木里町）では、芝田なつさんが話してくれます。

「豆・米炒る。豆炒ってる途中に米まぜて炒る。豆・米炒ったのをおひねりにして神に供え、マスに豆・米入れて『福は内』に内に向かってまく。『鬼は外』に打つのにはツツメ（おはじきにする）、クロメ（黒い）、ニシ（辛い、ボラみたい）などと石を混ぜる。豆、年の数だけ食べる」

「福は内」と「鬼は外」の唱え言によって打つ内容も違えているというのは、芸が細かすぎるようにも思いますが、これはこの辺一帯の風らしいのです。同じところで、昭和生れの安古三男さんや上岡徳治さん、ようこさんも説明してくれます。

「オニノメンツキ（トリトマラズ?）に魚串ざしして戸口にさす。豆と米炒ったの一升マスに入れてまく。『鬼は外』に打つのはイソモン（サザエの小さいようなもので、他ではチャンポコという、飲み屋などでこの名で出る）と、石と、焚きおとし（消炭）と混ぜてまく。家族が外へ出張《でば》ってる間は打たない。オニノメンツキ使ってる家はまだ多くある。最近ヒイラギですます家もできたな」

炭も新しく出てきたわけですが、これは、滋賀や島根や徳島にもあることです。

内陸部に入ると、もちろん海のモノはなくなって、豆や米と石だけになります。

熊野市小阪の久保もりえさんの説明、

「豆おおかた炒れてからもちの黒米を混ぜて炒る。ぱちぱちはしれ、花になる。鬼にまくのは豆黒うに炒って、石と混ぜる。前の花にしたのは内にまく。豆、年の数だけ食べる。魚串、マツ（肥松）で黒くすぼらして、オニノメンツキ（ヒイラギ）ととぶくら（戸袋）などに立てる。これの大きい丈のをかんど（前庭）へ一か所地面につき立てる」

峯筋を変えた、同市飛鳥町神山でも、

「オンノメンツキ（ヒイラギ）と魚つけた串、マツでくすべて、豆・石マスに入れてまく」

のでしたし、また峯筋を変えた、神川町神上では、

「オニノメンツキ（ヒイラギ）と魚をカドに立て、豆と玄米《くろ》、石三つまく」

のでした。

内向けて打つのと、外向けて打つのと、品を変えるなど、形の変ぼうなどはあるにせよ、刺を用いたり、臭いものや、音立てるもの、石を用いるなど、存在理由もわからなくなった他の行事に比べて、節分は、往時の素朴なモノ祓いの姿を比較的よく残すものではないでしょうか。

嫁に打つ石

恵原義盛さんの「奄美生活誌」は、かつてあった島の風物などをまとめたもので、生活全般から、子どもの遊びなどまであり、その絵が思いを込めた、あたたかいものなのです。御本人にも島に渡った時に少しの間お目にかかりましたけれど、すべて自己流、子どもの描くような絵しか描けないのだと、しきりにけん遜しておられました。

その本の中、珍しい習いは幾つもありましたが、結婚式のさまをうつされたものも数枚あり、皆と変りないような支度の花嫁が人の輪の中にあって水をかけられている図があり、ところ変ればとあきれたものでした。

けれども、その後この習いは珍しいものではないことを知りました。

東京都奥多摩町では、バケツに水を持って出て子どもが水鉄砲でかけたなどともいいます。また村入口など、高いところから桶の水を柄杓でかけた。

このやり方はどこもたいてい同じで、九州などでも、道のはたに並んでタゴ（手桶）でざんぶり水をかける。中には水の中に灰を入れる者もあり、ニゴシ（米の砥汁）をずぶっとかける者もおり、きれいな着物など着て来れない。良くない着物を頭からかぶってきたりする。

でも、これもまだいい方なのでした。天草などでは塩をかけた。嫁が行列してくる道中待っていて、花嫁の頭からかける。「打ちこっくらした」とか「頭からどーんとかける」と聞きますから騒ぎだったのでしょう。傍についている人が手拭などでかばってやる。

でも、でも、これもまだいい方だったのです。

「つぶし打ち」といって石や土、雪玉を投げるところが多くあった。

山形、新潟などもこれが盛んだったところ、小国町大石沢で川崎みさをさんが話してくれました。

「夏なら石、冬は雪玉ぶっつける。おしゅうん時は、それでかんざしこわれて床屋さ弁償した」

おしゅうさんの嫁入りの時というのですが、明治四十五年のみさをさんと同じぐらいな年輩の方だったでしょうか。花嫁の頭道具一式は、床屋で借りるものでした。

新潟の北部、三川村上綱木の二瓶徳左ヱ門さんも話してくれていた。

「百歳のおばあさん、下綱木では石ためといて投げるものだったといっていた。嫁はこうもりかぶる。その骨折れることもあった。石の他大根切って打ったりもする。冬は雪玉」

だから、天下御免の役を買って出る子どもたちはこの日は大威張り、

おかさま通る
雪でも祝え

と、雪玉ぶっつける。これは山梨県の芦川村上芦川のネノさんに教わったのですが、エーオイ、エーオイ大声上げながら雪玉打つのだそうです。

北国で嫁取りは、農作業がすっかり終った冬に集中するのでした。能登半島付け根の西側、志賀町（石川県）坪野では、これをツブシ打ちと呼びました。「嫁には土とか、雪しぼってかっつける。座敷の障子にもかっつけるので座敷にも雪入る」話し手は坂本ちよのさん（大正四年生れ）。

ツブシウチとは呼びながら、話し手がいうのは雪でしたけれど、半島の東、能登島になるとゴタが現れます。田んぼの土を握ってかっつけた。嫁はそれで決まって蛇の目傘をさしてくるものですが、家の中までもかっつけた。

新潟でも「いわいます」といって雪をかけるのでしたが、ここでも「一つのいわいやて」といっ

ていました。

結婚式と葬式との類似はことごとく言い立てられます。また、それを列挙するには限りがありません。

ざっというだけでも、白むくを着る、綿帽子をかぶる（ところによっては、帽子も葬式と両用するのです）、生家から出る折に茶碗を割る。婚家に入る折には火をまたぐ、鍋をかぶる、水を飲む、臼の音をさせる、鉄砲を打つ（葬列にも打ちます）、等々。

それぞれに理屈に合った言い訳が考えられており、多くは、婚家の色に染まるようにとか、死んだつもりで、二度と戻らないようになどと、そうでなくとも根を切って移し植えられた草のような無力な女たちを脅すのです。

でも、これまでつき合ってくれた読者にはもうおわかりでしょう。短いことばですますには、嫁入り祝言のことを、ヤライギョウと呼ぶところがあります。鬼やらいのあのやらいですね。嫁取りの時には、人が死んだ時と同じ、赤子が生れた時と同じに、わけての厄祓いが必要だったということなのでしょう。

葬いの折にも、死んだ人を追い祓うために躍起になっているわけではないのです。嫁どりに行われる奇怪な所作の数々も、嫁当人を攻撃したものではなくて、これにまつわり付いて来るうとましいもの等を祓いのけることにあるのです。

なぜ女にだけ特にお祓いが必要か（婿は祝言の席に出ないところもある）、多分赤子を孕む袋を体内に備えている、それでそこの祓いもあって厳重な仕組みにもなったのかと思われます。でもその件はここでは深く追求するものではありません。

あと追いの格好になりますが、節分でもっぱら厄祓いに使われた豆も、こちらには持ち出されるのでした。新潟の、前に紹介した三川村の一つ隣の上川村丸渕では、結び（祝言）の時、謡をうたって酒を呑むごとに三回、一升枡に入れた炒りたての豆を大勢で嫁婿両人にぶっつけるという。

同じ新潟でも、西になると安塚町松崎では、謡一つうたうごとに、手伝の人などが一升枡の生豆を「ゆわぎ（いわい）ましょう」といって天井向けて打ったというのは、少し変形をきたした後の形でしょうか。三重県白山町などでは、座敷に坐る嫁に、やはり一升枡に入れた生豆を見物客が打ちつけ、仲人は扇子で嫁をかばってやるといいますし、坐る以前に、家に入ったところで、内にいる親類の男などが打ちかけるところもあります。

豆ばかりでなく、米も登場しています。米を炒って、炒豆と一緒に嫁入り行列に持ち行き、客に振舞ったり、下まわりの人たちに食べてもらったりする。

宮城の三陸町下甫嶺では、ヨメゴガシといって米炒ったのと豆とをまぜ、持参したものをブッツケモチと共に客に振舞うという。

この時は餅もしばしば搗かれ、振舞う餅にもブッツケモチなどと名前がついているところを見ると、元は、餅も、豆・米も打ちつけるものの名にしおうものだったと思われます。

子どもが生れたら、さっそくにウブメシを炊くのでしたが、この時豆を炒ったり、米を炒ったりすることも多いのでした。炒った豆はウブメシに入れたり、寄った人に食べてもらったり、近所に配ったりする。

死人も、赤ん坊も、それから花嫁も、守られることでは共通根を持っていたのですね。

幽霊《よーれん》クヮチクヮチ

子どもの頃に、死んだ子たちの石積みの話を聞いたことがありました。親はこういうことを聞かせることもなかったから、姉たちからでもあったと思います。

死んだ後の子らは、広い河原に出て石を積むのが仕事、

一つ積んでは　母のため
二つ積んでは　父のため

とうたって、石を重ねていくが、でき上る寸前になると鬼が現れて、それを突き崩す。子らは泣きながらまた一からやり直す。

なぜに石を積むのだろうとも思ったが、甲斐のない子どもたちの仕業を哀れがり、鬼を憎らし

く覚えたものでした。

今も賽の河原と呼ぶものがほうぼうにあり、子を失った親たちは真剣になって石を積む姿も見られるという。

山梨の早川町上湯島でいくのさんも、これと似たような話を聞かせました。

「七つまでの子死んだら、埋めた上に膳置く。それに河原の薄べったい石を三つ重ねたのを三つ並べる。詣った者は崩して、また石を積む」

石積む風は、盆の習いとして聞くことも多いのです。岩手県岩泉町小本でもそうでした。盆に浜から平たい丸石を拾って行き、一人一人に三つずつ重ねるのだといいます。一人一人とは先祖のまつられる数でしょう。

ここのお墓には私も行ってみました。九月の末になっていて積まれた石はなく、石碑の下段のところに、重ね合うぐらいにめぐらし置いたり、また前に集め置かれたりしていました。いずれも平たい、きれいな玉石で、浜にはこんな丸い石もあるのでしょう。墓のまわり一面に、これら玉石を敷き詰めたところもあったのです。村もそう大きくないから、墓も小振りなものでしたが、高台にあって、磨かれたような玉石と相俟って清々しい印象でした。

石の色は千差万別ながら、白い石も多くあって、これらを積んだところは、多分正月の鏡餅より白かろうと思ったことでした。

それにしても、石を積み上げるということ、どんないわれがあるのでしょうね。層に層をなして積み上げた石灯籠がそうです。墓石が二重、三重に重なるのがそうです。昔の名高い人の墓の中には、五重、七重の石を刻んだ墓石もあります。五重の塔などのいわれも、ここに継っているのかも知れません。

伊豆半島、西伊豆町禰宜畑の盆も石積みと関ります。ここではウシノシタベロと称して、平たい餅を供え、風呂敷だというのですが、迎えダイマツと送りダイマツと二本も作る。さて、組合一同で川ばたへ竹で棚作り、芋の葉に石二つ重ねたのを供える。二人死んだなら二組用意する、死んで三年間これを続ける。十四、十五日の二日間カワラビといって火をたき、親類が集まる。

石を積むのは、石の姿をより強調するもくろみのように思われますけれど、石と石をもって打ち鳴らすというのも、狙いはそこにあるのでしょうか。

福岡県地ノ島の、何度か登場してもらったミネコさんが話してくれる当地の盆は、

「十五日、磯辺で、磯にある墓に向かって鉦・太鼓で念仏する。部落の者みな集まり、両手に石持って打ちつけながら

なむあみだんぼ

と先導者が唱えれば、続けてこのように唱和する。子どもたちは後ろの方でいたずらして『なむあみだんぼ』といったら

ちんがらがっとん　がらがっとん

と叫ぶ。

行列して新仏の家をまわり、最後に磯がみさまの前で念仏して終る。その後で盆踊する」

まよけの石を強調することも間違いなくあったでしょうが、拍子木を打つように、鳴り音に、また弾き音にも警告を発する意味もあったのでしょう。

奄美大島屋鈍の子らは、夕暮れにかかって帰る時、石二つを持って打ちつけながらうたうのでした。

あーだんぎ　こうだんぎ

あーだんぎ、こうだんぎの意味は私にはわかりません。ですが、時が日暮れにかかる、あちら側の世界の住人と入れ替る、警戒すべき刻限であったのはわかります。これを聞かせてくれた吉田泰造さんは「打ちつけて火を出しうたう」といわれたように思うのですが、火打石を打つような形にと形状説明してくれたのだったかも知れません。ただ、火花を散らすような石もあるとのことでした。

大和村名音で川畑ミエさん（昭和三年生れ）が話してくれるのも、堅いような石を打ちつけるのだとのことでした。ここではこんなに唱えます。

幽霊《よーれん》　クヮチ　クヮチ

クヮチクヮチは、石の鳴り音でしょう。やっぱり遊んで日暮れに帰る時だといいます。

屋鈍の一つ集落をおいた平田では、こんな話をしてくれた人もおりました。

うっしょっグヮと　はんにえっグヮと

降《う》りてこー
(お爺《じい》ッコとお婆あッコと降りて来い)

お宮などで夕方まで遊んで帰る時、こう叫んで走って帰る。後になった小さい子たちは泣いて追っかける。

うっしょっグヮや、はんにえっグヮは、もちろんあちら側の世界の人たちなのでしょう。

四、火の昔

かしわ手

神前にまいると、たいていの人はかしわ手をうつ。あれは女・子どもにはなかなかうまくいかないが、男たちは掌の大きいのに物をいわせるのか、少しずらせて密着度を大きくするのか、驚く高音を発する。ここではそのかしわ手のいわれを探ろうとしています。

『平家物語』巻第四「鵼」には、次の話が出てきます。

其の時の将軍義家朝臣、南殿の大床に候はれけるが、御悩の剋限に及んで、鳴弦する事三度の後、高聲に「前の陸奥の守源の義家」と名のったりければ、人々皆身の毛よだって、御悩おこたらせ給ひけり。

この弓の音を私は、ずいぶん手を抜いた脅しようだとは感じました。しかし、あくまでも武器としての弓だから、それで相手を恐れさすのは充分なのだろうとばかり思っていました。

ところが神おろしをする巫子なども弓弦を鳴らします。どのように使われるかというと、宮城の唐桑町高石浜などでは、人が死んで葬式の翌日、オガミサマと呼ぶたいてい盲目の女がなる巫子さまを招いて口寄せをします。柳、桃の枝一本ずつを供え、オガミサマはズズ（数珠）をかけ、「神は宮々、仏は寺々」など唱えて神おろしがはじまりますが、一口ごとに弓をブンブン鳴らすといいます。（サクさん《明治二十八年生れ》談）

もちろん、逐うのは死んだ人の魂ではなくて、まとい来る他所もの、または死をもたらしたうとましいものらなのでしょう。これらにとりつかれる恐れがあっては、仏は下りて来れないのです。「音」がまよけの一つだとは、何度か申して来ました。こうした音には、いろいろ例も挙げられるのです。

弓の音に似たささやかなものでは、こんなのもあります。

沖縄の東端国頭村《くにがみそん》安田では、十二月八日にウニムーチー（鬼餅）というのがあり、さまざまな払いごとをするのですが、子どもは親などが作り与えた、二センチ幅、十五センチ丈ほどの竹か板片の一方に穴を開け、紐をつけて振りまわす。ブンブン鳴るので名前もブンブン、「ブンブン鳴らすから、餅っコおくれ、大餅おくれ、ほーらブンブン」と、村中、家ごとに鳴らしまわるのです。

これはお婆さんたちに話してもらったことでしたが、楚洲《そす》（沖縄県国頭郡国頭村楚洲）の金城さんによると、ブンブンは木で作り（親が作ってくれる）、盆の十五日だけに遊ぶとのことでした。この日十二時過ぎにウークイ（送り）をする。

盆も供え物を川や海に流すごとく、送り出すことに精力が費やされるのでした。

ブンブンと同じ物が鳥取にもある。これは「鳥取の年中行事」（智頭町三明）にあるものですが、こちらでは正月十四日早朝、竹ベラに細縄を通したものを、持ちてとなる木の枝に巻きつけた「ブイブイ」を作る。家の主人と子どもが振りまわして、家の周囲を三回まわるのだと。

こうした空気の鳴り音に対して、物と物を打ちつけて音を立てるのが、宮城県雄勝町船越のとよのさんのいうものです。

「ここではやり病の出た時にカミオクリと称して、竹を筒に切り、一方を細く削ったのに穴を開けて紐を通し、ざらんざらんいわせながら、峠のさいの神のところまで送る」

どのくらいの太さ、大きさかは聞かなかったけれど、恐らく山の細竹、今私たちの見るような風鈴や竹のれんに似た品で、一触即発鳴り音をもたらすものじゃないでしょうか。

どこでも行われる「虫送り」、「神送り」というのは、決まって鉦・太鼓を持ち出し、空缶や金だらいを打ち、村中をまわり、大声でおめいて峠や村境に逐い出してしまう。効果的な音を作る鉦や太鼓の入手可能な以前なら、どうせこうした他愛もないと思われるものも使われたのでしょう。

他愛ないといえば、こんな経験もあります。どこのことだったか忘れたのですが、私は山越えをしているところで、小さい峠のてっぺんで休みました。ところが間もなく虫が鳴き出した。金属質のピリピリいうほどの高い澄んだ硬い、空気のゆれを伴う音、カミキリムシが、触角と触角をこすり合わせたような、それより一段と厳しい音です。

はじめは秋の鳴く虫の一種のように思って気にしていなかったのですが、そのうち鳴き声のいささか違うことに気がついて、虫の正体を知るべく音の方へ近付いた。すると音が消える。何度か繰り返してそこに見つけたのは、虫ではなく、笹の葉でした。風が吹く度に笹の葉は身を泳がせて、傍の葉と擦れ合って鳴いているのでした。

笹は、竿の先に飾られたり、湯立ての大夫に持たれたり、神事にはなにかと採物されるものです。その元のいわれは鳴り物としてあったのかも知れません。各地のまつりに登場する、今の私たちには到底楽器とは思えないササラの用などと同じにです。

さて、静岡県御前崎町新谷でいちさんが話してくれるオクリガミも「しわす八日」だといいます。夕食後、男の児だけ、竹筒をパタパタ鳴らし家々をまわる。この竹筒というのは、子どもらの玩具にもなる一種の楽器で、竹筒の切り口を片方だけ割り下げ、勢いよく振ると両割り口でぶっつかり合って音を出すという仕掛けです。

おーくりがーみ　かんかんじ

ぜーにもかーねも　かんかんじ

家々では銭をやるが、くれない家には鳴り竹や鉦を置いて行く。後で届けることになるのだが、いちさんのお婆さんはそんなことになっては大変と、たまたま裸だったのをフンドシ（腰巻）一つで出たと笑っていました。

このようにささやかなものから、節分には火にくべて鳴り音を立てたり、そのために各地でザーザーとかバチバチ、バリバリなどの名ができている。それらを焚くし、大きいものになると竹を爆発させたりする。

鉄砲が使われるようになると、その利用度も高く、大晦日の晩や、節分の夜に、「早よ鳴らさな追っかけられる」とて人に負けずに撃つものでしたし、葬式の時も辻々でうたれたり、墓穴底に向けてうたれたりしているのです。

そうそう、拍子木の音もありました。節分の夜に家のまわりを打ってまわったり、大風に打ち鳴らしたり、小正月には拍子木およびそれに代るような棒やら板を打ち合わせて、夜中家々をまわり騒ぎます。

これらのあるものは、いたってささやかなものです。しかし、これでもいいのらしい。相手は人を損なおうと、太い棒のような念力で向かって来る。その凝り固まった念力を一寸でも他にそらせば、はじめのもくろみはあえなく崩れてしまうと見るのらしい。目に見えない相手に決定打を与えることもできないのですから。

人々は鳴り音を利用した。不穏の空気を感じたら、石を拾って打ち合わせたり、棒で板戸を叩いたり、音の中では抜群に力の大きい臼音を響かせたり、火を焚いて竹をはしらせたりしたのでしょう。

しかし、向こうはいつなんどき現れるのかわからない。待って用意してというものではないのです。ぞくっと水を浴びたような思いをした時、髪毛が逆立つような恐怖を感じた時、まさに彼等の黒い影が覆い被ぶさったと体が教えた時、咄嗟にそうする必要があるのです。

その時、たまたま得物を手にしていたらいい、たちまち鳴り音を立てたり、物を投げつけたりもできるからです。ですが今もいうとおり、いつなんどきと限ったことではないのですから、素手の時もある。見廻してもなんの得物も得られない時がある。そんな時人はどうしたか。自分の自

鉦の緒

（静岡県下田市）

前の体で音を作り出そうとした。

　腹鼓を打ってもいい、胸を叩いてもいい、頬っぺたをひっぱたいてもいい、どこを叩いても勝手だが、これらはよっぽど痛そうです。まずはそうしたことの少ない、したがって思いっきり大きい鳴り音にもできる両掌ということになったのではないでしょうか。

　だから柏手は、神前のものと決まったわけではなかったのです。たとえば人の死にもこれを打つところがある。

　上対馬町唐舟志《とうじゅうし》では送りから帰ったら、たらいの水で手足を洗い、その洗ったままの手で柏手を打つ。このあとではコモゲタ（菰桁か）と呼ぶ、石を吊るした馬型のをまたいでから家に入るのです。友谷や鰐浦でも、たらいの水で洗い、濡れたままの手で柏手一つ打つのは同じで、それで平生濡れ手で柏手を打つを忌む。後者はコモゲタではなくて、茶を飲むのです。また宮原では味噌と塩を少量掌にとり、一つ手拍子を打って、たらいの水で手を洗う。

　社前にはいま一つ顎口も取り付けてあって、まいった者はきっと、吊り下がった鉦の緒に取り付いてガランガランやる。思いがけずに響く、しわがれ声の高音に驚くものですが、これなども右にいうのと同じ狙いであるのに違いないでしょう。

絵馬

馬に関する呪いには、つい笑ってしまうものがある。子どもを馬にしてしまうのです。幼い者がお多福風邪にかかると、島原半島・北有馬町坂上の片岡つたよさんたちはこんなにするのでした。

「ふーはれ（お多福風邪）にかかったら、馬のくつわを子の口にかまし、馬屋に入れてそこから『はい』、『はい』といって曳き出す。そうすればゆうなりおった」

突然に片頬がふくらみ出すこの病気にも、親たちは堪らない不安を感じ、警戒もしたのでしょう。

天草地方になると、フーハレ（頬腫れ）の名はフーバッチョとかホーバッチョに変わる。次に語りくれるのは天草上島、栖本町打田の浦本さん。

「子にくつわをかませ、馬の真似（いななき）三回さすと軽くすむ。今は馬がいない。孫がホーバッチョなった時、半里ほど離れているところに車で行ってこれをした。軽かった」昭和五十八年に聞いた話です。ただくつわをはめて馬の真似をするだけではいけなくて、どうでも生きた馬の傍で行う必要があるのらしい。

この写実的な変身術に対して、まだまだ多く耳にするのが飼葉桶《かいばおけ》をかぶせるものです。青森県八戸市妻ノ神という市の西部の村で、林崎よし子さんが説明してくれる。

「ハシカは神病《や》ませるんだ。神厄《かみやぐ》だといった。四つ、五つの子がらがら死ぬ。たいけ（飼葉桶）かぶせれば軽く病むといって、子どもが寝てるうちにかぶせた」

くつわをかませるのはお多福風邪だったが、こちらは一様に命とりのハシカについてなされることです。飼葉桶の名称はところによって違うので、「馬桶をかぶせる」（千葉県大町浪花）とか、「はみ桶を」（対馬町一重）、「だ桶を」（佐賀県富士町、福岡県地ノ島）と語られる。

飼葉桶に関るもので極めつきは、福島の白河の西北、深い山地になる西郷村真名子で聞いたものでしょうか。猪越キチさんによれば、当地では子どものキョウフ（ひきつけ）に馬の舟（飼葉入れ）に入れたにごり水（米のとぎ汁）を飲ます。

「よく利く」

といいます。

馬の舟とは、丸木を刳り抜いた一間ぐらいもあるものというのだから、扱いにも大変だったのじゃないでしょうか。他の地方で白水とも呼ばれる米のとぎ汁は馬の好物ですから、どれほど薄くなったものでも飼葉桶にまわされるのでした。

もっともこの白水、さかんにハシカやホウソウの折の病流しに子の体に振りかけられるまよけの米に関わってのことか、そのあたりはわからないのです。

病気に関してなら、他にも幾つか耳にしています。「病目《やんめ》、馬のしりがいでなでるとなおる」というのは福島県南部の塙町田代のこと、新潟の黒川村坂井では、「はやり風邪に馬の沓とナンバン・ニンニクを門口吊るした」といいました。馬の沓も、沓（わらじのようなもの）のところが問題なのではなくて、いいたいのは馬の方にあるのらしい。

馬の沓といえば、旅の間、戸口に蹄鉄をかけてある家も何軒か見ました。私はてっきり、まよけに効ある「金物」の用としてあるのかとばかり思っていましたが、その後ろにこれの履き手の馬がいたのかも知れません。なお、蹄鉄が一般的になる前、蹄を傷つけないように履かせたのが、前に出た藁製の沓でした。

足にかかわってもう一例挙げます。

宮城の、北上川の海への注ぎ口にある北上町大指のあたりでは、子どもの夜泣きに馬の足跡を

傍に置けばいいという。これまた、やどを与えて家族なみの応対をしてくれた佐藤きくよさんに説明してもらえば、

「夜泣きに刃物置いたり、泥についた馬の足跡を置くといいというのでやった。泥が乾きかけたところを鍬で起してくる。んだげんと止まなかった。初子の時で、仕事はきついし、昼は眠くなる。こんな子死んだらいいと思ったら、ほんとに死んでしまった」

毎晩繰り返される夜泣きは、家族の手前はあるし、限度ぎりぎりまでつとめている嫁たちにとって、子が死ぬか、自分が参るかの切羽詰まったものにもなるのです。

それはさて、こうして危急の場合に救い神となってもらえる馬であれば、これに継がるものならなんだって有難いものになる。栃木県の葛生町牧や茨城の大子町では、熱とりに馬の骨を削って飲ますのだった。村に馬捨場があったので、そこから拾って来ておく。葛生町の恩田かつさんのおじいさんは、孫が熱を出す度《たんび》に、「馬の骨煎じてくれろ」といったそうだ。骨になってさえ力を持つのだから、肉だって頼られる。栃木県壬生町羽生田でマチさんが話しを聞かせた。

「息子が子どもの時肺炎起した。馬肉を買ってきて薄く切り、胸に貼ることを繰り返した。医者には叱られたけれど、なおった。肉を除いた後でも臭くってやったことが知れる」

出産の折には、馬屋が殊に選ばれてあることもありました。熊本県相良村初神のマサ子さん（明治三十三年生れ）が語ってくれた。

「子は九人、みんな家の外、空《から》け（空の）んま屋で産んだ。牛と馬を一つずつ飼っていたが、馬屋は三つ、四つあって（子が生れた時など分けたりする）、常に一つぐらいは空いていた。床に藁を敷いてハミキリ桶（飼葉桶）の縁につかまる。里の母親も来て（姑が呼んだ）少しの間ついていてくれたが、いいからといって帰し、みんな一人で産んだ」

このあたり、天草や長島では、産んだ後は馬鍬にもたれかかるのです。馬鍬は田畑を耕す時に馬に付けるもので、大きくカーブを描いている。これにのったり、背中においてもたれる。話し手たちの親の代ということでしたが、前にいうと同じ村のすそのさん（明治三十六年生れ）も、母の代まではと断りをいいながら、マンガ二つを前と後ろに置き、畳をそれに敷いて、「舟のごと」してその中にいたとのことだった。

馬屋で産するのと、馬鍬と単なる偶然の一致とは思えません。産の後には寝るのがよくないといって、藁や俵物を背にするのですが、そのためだけならなにも馬鍬に限ることはないのです。

出産を馬屋でというのは、郷土誌の報告にある他、私はあまり聞いていないのですが、その代わりニワ（内庭）でというのは多く聞く。農家の造りはたいていが、戸口を入って直ぐのところが大きな土間（ニワ）、一方の側が馬屋、その手前に小便所があるというのがよくある形だった。そのニワで産むというのは、すなわち「馬屋の脇で」、「ニワの隅で」、「便所の前で」となり、馬が傍に控えていることにもなったのです。

お産には、夏でも暖国でも、暖さに苦しみながらでも火を焚いたことをいう。まよけに最大力のある火に守ってもらおうとするのでしょうが、馬もこれと同じ、どうにかして、彼の近くに身を置きたかったのではないでしょうか。

そんなに馬は一般的な家畜だっただろうかといわれるかも知れませんが、そうだったらしい。私の田舎の家でなどは、右にいうように玄関を入って右がこれらの部屋、羊や後になっては牛が入ったりしましたが、名前はマヤ（馬屋）、入口にくるくる廻る横棒が二、三本柱に穴を穿いた中にはまっている、これがマセボウ（馬塞き棒でしょう）でした。マヤ、マセボウの呼び名は村中、いや東北全般、国中にあるようなのです。

福島の塙町前田のスミサさんもいっていました。

「馬が半しんしょう（財産）、馬どこでもたって（飼って）いた」

それはさておき、どうして馬にこれほどの力があったのでしょうか。

馬は巨大な動物です。それに勢いが激しく恐ろしい。頭の力も強そうだし、むき出した驚く大きな歯と、長い顔の半分までも開きそうな口もすさまじく、そのたくましい頭を振り立て、たてがみを逆立て、前脚二つを宙に掻いて歯がみをし、嘶《いなな》き躍り上りするさまなどは、見た人誰をも怖気をふるわせずにはいません。あの口でかんで引き寄せられ、踏みつけにされたらどんな相手だって命取りだと思うし、その上、彼には後ろ脚で蹴っ跳ばすという特技もある。親しく飼われている馬でさえも、たまたまなる蹴りをまともに受けて、しばし病みつく飼主も多いのです。

私の年の離れた長姉の嫁ぎ先では、馬を飼っていた。義兄は馬が好きで、疳《かん》の強い、扱い兼ねるような馬こそ、仕事をさすにはいいのだなどというのですが、いつまでたっても馴染まないのなどもいて、前にいた馬など、帰って馬沓を脱がす時には、鳶口を繰って外すものだったなど話すのです。

姉はこれらの馬が恐くて堪らなかった。山畑で桑摘みなどをしていると、放されている馬が寄って来て、頭ごしにかぶさるようにしてブルルルンと、大変な鼻息を吹きかける。馬にはしつこく虻が突きささり、たいていは長い尻尾で追い払うものの、それで届かないところの虻を追ってくれといってやって来るのですが、どうしても頭上から一呑みのような彼等の襲撃は、姉には馴れることができなかった。柄の小さい女・子どもには、なお山の大きさだったのでしょう。

何事も神さまを尊び、彼等の意に反かぬようかしこまり、いの一番にしめ縄を巡らし、賽銭や米を打ち、豆打ちをして差し上げた人々です。まよけに強大な力を有するという馬なら、真っ先かけて贈りたいところだったでしょう。

しかし、このまよけは生身、もらった神さまの方でも困ってしまう。神社の門に頑張る仁王様や、吊るされたまよけの草履などの作り物とは違うのです。それで馬の絵を描いて贈ることにした。これが「絵馬」なのでしょう。幼稚な発想だと思われますか。でも、精魂込めて描かれたものは、また作られたものは魂も吹き込めるのでした。

見事に彫られた欄間の龍が、屏風に描かれたそれが、夜な夜な脱け出して池の水を飲むのでなかったですか。

旧い絵馬堂に残る大判の絵馬には、今の私たちが見ても右に似た思いにさせられる、気迫と美が感ぜられるものがある。首を盛り上げて前方を見据え、今まさに片方の足を踏み出しかけている馬、太り肥えて躍動美に動きまわっている馬、背を揃えて何頭も待機する馬。

私は神社にまわることはほとんどないのでこれらを見ることもないのですが、大・小幾つかの絵馬堂は、贈り手の切望もうかがえて、身に染むものでした。わけても奈良の東の山にかかる村、日笠の集落を通った時に見た舞台のある、内梁に巡らせた絵馬の数々は忘れ難い。あとで逢ったところの人、中尾静子さんにそれをいうと、「あの舞いどこか」といった後、母親が五十歳の時に入院した、その後よくなったそうであるけれど、その入院した時に父が上げたものも一枚あるということであった。

こうした絵馬の馬は、夜ごと月の光を浴びて下り立ち、社のまわりを徘徊し、佇み、闊歩する。神々はこれに守られて、心安んじて夜を過ごされたのではないでしょうか。

火の昔

前に火がまよけになっていること、火そのものでなく、その後ろに控えるもの、太陽をさすのではないかと、ちょっと触れました。人間が火を発見した時、色や熱から太陽と結びつけて考えるにいたったのだろうなどと話したのです。

ここは、もう少しことばを費やすものじゃないかと思うのです。幾らことばを駆使してみたところで、想像を出ることはないわけですが。一つのお話と思って聞いて下さい。

昔々、人間が火を得たのはなにからだったのかと考えます。火ノ木（ヒノキ）といわれる位ヒノキは火がつき易く、大風の時などすれ合って山火事を起すこともあるそうですから、こんなことからとも考えられますが、当時からヒノキの植生、今のようにしてあったのでしょうか。それよりはむしろ雷がもたらしたと見る方に傾きます。

空気を震わし、天井を怒りの、ふくらみ切った体で踏みしだく雷さま、鳴る神の荒れすさぶ間、人は、ただ何枚もの衣や覆いの下に身をこごめていたのだろうと思います。

雷が去った後には、裂けた黒焦げの立ち木などがあって、中にはくすぶりや火そのものを見る者もあったでしょうけれど、逃げ、隠れる方が先決だった。

時代が下って、ある時、火をまともに見る機会を得ることになった。雷にこだわるわけではないので、なんらかの方法で火に対面することになった。

火は、熛に近寄る人間に熱を吐きかけ、かげろうのごとき光のゆらめきを発したでしょう。人々は、火をおそれた挙句、すでに自分たちが得ている、懐かしいものに似ていることを悟らされた。親とも仰ぐ、地上のあらゆるものを掌にする、日ごと光を注いで人間その他を育ててくれている、いちばん尊しとする太陽です。

これはなんだ、どこから来たのだろうという疑問にそれはよく答えるものでした。太陽神の体の一部か、または神が下《くだ》し賜った御子とでも思ったのでしょう。

そこで人々は、火が決して消えないように、住み家を作り、日・夜を分かたず、伽の衆をおいて、養育にこれつとめた。

それまで扱っている生き物とはさま変り、食い物は木だったり、高熱を発するものだったり、大変な辛苦もあったでしょうけれど、得ることはまたそんな比ではなかった。この火の傍にいればどんな魔ものも寄り来れないのであった。夜であろうと、昼色を現す火の許に身をゆだねる限り、人の心は平安に満たされるのでした。

この安心の素を、各家に分かち持つようになった。今はもう一家の家族中が火を囲み、火に守られることが、できるようになったのです。

もちろん家々でも、火の扱いを丁寧にし、大きな材木になど伽をさせ、火を絶やさないよう務め、近年までも、何代にもわたって火を持ち続けた話にもなるのでした。

普段は火をこめることはなくなっても、正月には昔の風習がかえり見られるらしく、「せちぎ」とか「火の伽」といって、七日、十五日まで続けて燃せるような、丸木を用意するところも多いのです。

沖縄では家の単位一軒をヒトキブイ（一煙）といいます。一軒というのは、火を一つお守りしているという意味ですね。「川田七キブイ」などといいます。新潟でもいう、「長木（上川村）百かまどあった」などとも同じでしょう。なお、一軒でも財産管理が別々な、つまり、かまどを二つ持っていれば「二《ふた》キブイ」になるのです。

女の子の指遊びに「火ーくれ」というのがあります。

火ーくり　火くり
火はどこどこか
奥山越えて
谷山越えて
火はここよ

というような唄です。全国にわたってあるのがおかしいのですが、それはまた律気に火を絶やさずにいる家も多かったということでしょう。いったん消したら、起すのが厄介という、合理的な理由からだけだったのではないのではないでしょうか。

人が火を食物の調整に用いるに至ったいきさつもわかるような気がします。この上もなくまよけに強力な火の中に食物を通したのですね。それまでは、口に入れるまでに幾つもの面倒な祓いごとをしたのでしょうが、火の中を通すなら、いっぺんで安心が得られます。しかも熱を加えたものの味もそれまでの人たちを不幸にするものではなかったのでしょう。

お産の折の母親たちの粗末な食べ物のことを記憶していらっしゃいますか。焼き塩に、焼き味噌に、味噌漬の大根までも焼きものにするのです。

岩手県軽米町のあたりでは、産見舞というとせんべいと焼き麸で、産室に竿を渡し掛けておくものだったそうですが、ここの小軽米の兼田みきさん（明治四十四年生れ）によると、味噌漬と焼き麸だけのおかず、たまにりんごもくれたが、これも串にさして焼いたものだったそうです。

他に水をのんで悪いというところもありました。岩手の野田町新山で、大正三年生れの婦人は、水は五十日飲まないという所の風習を話したあと、「俺は四十日飲まなかった」といっていました。

みんな火をかけたのです。念には念を入れてお祓いをしたのです。

こういうこともありました。滋賀県土山町大河原ではステビといって、産人の膳を部屋に運んで来たら、その上で火打石で火をとばし、それから食べました。

塩や味噌を焼くばかりでなく、飯まで二度炊きしたのは、ちょっと行きすぎなようにも思いますが、それほどに産人は生死の崖っぷちで、あの世の者たちの手に掴まり易い、守られる存在だったのでしょう。

ちなみに焼塩、二度炊きの飯はこんな風でした。佐賀県の嬉野町のあたりでは、皿の塩の上に燠をのせ、塩焼いてシオジャという。「生塩はいかん」という、と宮崎タケさん（明治三十七年生れ）は聞かせました。また、ふたたきというのは、飯を粥に炊き直した、少し堅い粥だといいます。

太良町田古里でもふたたき飯《めし》といって、飯をユキヒラに入れて火にかけ、ビリビリいい出したら、まわりに水を少しむらしたものだといっていました。

天草の松島町内野河内の山下さわさん（明治三十一年生れ）は二度だきの名で「普通に炊いた飯を、もう一度火にかけて、いささか柔らかくする」との表現で、これを一週間ばかり食べる。一方焼塩は、握り固めて紙にでも包み、いろりで焼く。かんかんなるのをくずして菜にする。

長島の汐見でも、紙に包んで灰中に入れて焼くのでしたが、天草有明町の大浦になると、皿に盛った塩に燠をのせて焼く形になるのでした。

神いのりに火を焚く

火という強大な援助者を得て、人はどんなにか飛躍したでしょう。天ヶ下、隠れどころもないまま、おろおろと惑い歩いていたんでしょうから。それが、喧嘩の助人、それも相手など問題ともしない段違いの助人を得たことで、青ざめていた体は縛りをほどき、思いは広がって空を馳けたのだろうと思います。

赤子を守る種子などにも、火の神は頼まれ、体中に赤い色粉を塗ったり、火の残した墨を塗りつけたり、親も、身を刻んで墨を塗り込めたりしたのでしょう。

しかし、火の働きはそれだけではなかった。なにか困ったことがある度に、この火を持ち出して、山の上や高みで世の大主である陽の神に願ったのです。

火を持ち出すことで、すでに陽の神の認可を得ているとしたのでしょうか、それともなんらかの理由で陽の神が火をたくのを喜ばれたとみるのでしょうか。

沖縄などでは火の神信仰が厚くて、まつっていない家がないくらいなのですが、その神まつりには必ずウコー（線香）が焚かれます。火の神はいちばん「せじだかさん（位が高い）」といって、家族の動行、生れても、他所に出ても、いち早く報告し、遠隔の地にいる人の許にも直ちに通してもらえること、コンパスの脚のようですが、世の大主の太陽なら、それも可能なのです。

沖縄のウコーは、香は全然入っていません。形も大和の線香などとはだいぶ様変り、あたかもタドンを引き伸ばしたような厚紙状。幅は十五、六センチに二十センチ丈の大きさで、それに、三ミリ幅ほどの縦線が刻まれており、そこから二本なり、三本なり、六本なり折って使います。御嶽《うたき》と呼ばれる山上の拝所、また城《グシク》の墓跡や井戸跡などに、これらが白紙に添えられて重なり、また散らばっているのをよく見ました。

私がウコーに火のついているのを目にしたのは、沖縄本島の最北端、辺戸でした。この村では最後のノロが死んでから、これのなり手がいなくて数年空席のままで、一晩厄介になった区長さんのお母さんがヌル殿内（普通の家のような、村の拝所）の世話をし、簡単な代理をつとめていました。

翌朝そのヌル殿内でウガンがあるという。ウガンの希望者は村の婦人で、息子が今度自衛隊に入り大和に住むことになったので、それの報告および道中の無事を祈願するものでした。これはタチウガンといって、帰ってきた時は願をとく、フトチウガンというのをするそうです。

一升ほどの米、みかんが三個に酒、銭が百円、これらの供物とともに、香炉に本陣のと、お通しをする香炉とにウコーが十五本ずつ焚かれました。火の神にたくウコーはたいてい十二本ですが、願のおもむきによって、御苦労代なのだといいます。

これらは、六本継ぎに折られたのが二枚と、三本のを一枚と、三枚重ねて紐でしばり、充分に燃やしつけてから立てられました。

ウコーはほとんど煙を立てません。ただ、勢いを頼んでしっかり火を移していき、燃え終った末の方も崩れ落ちるということもなく、やや身の幅を狭くして白い灰と変じているだけ。下の漆黒と合わさる中間のところのみは、燃える勢いに身をふくらまし、あたりの空気をふるわせながら、鮮やかな紅となっています。

ウガンの終ったところで、傍に寄って鼻を近づけてみました。香はなく、ただあるのは炭火の盛られた火鉢のまわりにあるのと同じにおいでした。

両手をかざしてみました。暖をとるほどに充分暖かくもあるのでした。

これは線香などではない。木炭だ。ごく上等な堅木の炭を一本、凝立させたという姿なのでした。

昭和五十三年の右の旅では、もう一度、宮古の狩俣でも同じような体験をしております。ここに着いた日は、ちょうどムギブーと呼ぶ麦の収穫祭に当っていました。海の傍の高台にある、まわりも、屋根もカヤで覆われた素朴な神屋で、村の女たちが集まって祭が行われました。

神屋の一隅には台がしつらえてあって、香炉が二つ、その香炉の後ろには、私たちが天ぷらなどをする時、壁に覆いをする、銀紙貼りの薄板が広げてあります。それで私はここで調理でもはじまるのかと感違いしたのでしたけれど、もちろんこれはウコーの火力を警戒してのもの、この二つの香炉にはそれぞれ八十六本だかのウコーを束にしてたくのでした。これだと大体、子どもの手首ほどの太さになるのです。

私たちも神まいりには、決まってロウソクの灯をともします。あれもロウソクなどという便利なものが出来る前はマツ（肥松）であり、その前は焚木などを燃したのではないでしょうか。

あとがき

何年か前『なぜ日本人は賽銭を投げるのか』という本が出ました。私も前々からそれを思っていましたので、この広告を見た時、すわこそ私の欲する本だとばかり、本屋に駆け込んだのでした。ですが残念、その記述は何頁ともなくて、他は従来の民俗学の説のようでした。

仕方なく私は、自分自身の集めた資料の中でそれらを組み立てることにしました。もともとは、「銭」「米」「石」と一篇ずつに短くまとめるつもりだったのですが、それではあまりにも窮屈、いいたいことの何分の一しかいえず、あれもこれもと詰めこんで、さぞや読む人にも無理強いさせることになったでしょう。

四章の「かしわ手」「絵馬」は、本になる前の『まよけの民俗誌』から原稿を移したもの、「火の昔」はいつか人に話したいと思っていたことです。

どこの馬の骨とも知れぬ者を家に引き入れて家族同様面倒を見てくれた人々に、時間をさいて相手をしてくれた方々に深く感謝をいたします。

平成二十二年六月二十四日

斎藤　たま

斎藤 たま（さいとう・たま）

1936 年、山形県東村山郡山辺町に生まれる。高校卒業後、東京の本屋で働く。1971 年より民俗収集の旅に入る。現在、秩父市在住。
著書に『野にあそぶ』(平凡社)、『南島紀行』『あやとり、いととり』(共に福音館書店)、『生とものの け』『死ともののけ』『行事ともののけ』『ことばの旅』『秩父浦山ぐらし』(いずれも新宿書房)、『村山のことば』(東北出版企画)、『落し紙以前』『まよけの民俗誌』『箸の民俗誌』(いずれも論創社) ほか。

賽銭の民俗誌

2010 年 9 月 15 日　初版第 1 刷印刷
2010 年 9 月 25 日　初版第 1 刷発行

著　者　斎藤　たま
発行者　森下　紀夫
発行所　論　創　社
東京都千代田区神田神保町 2-23　北井ビル
tel. 03(3264)5254　fax. 03(3264)5232
http://www.ronso.co.jp/
振替口座 00160－1－155266

印刷・製本　中央精版印刷

ISBN978－4－8460－0879－6　C0039　Printed in Japan